LES FLEUVES

Le Nil.

LES FLEUVES

PAYSAGES

MŒURS — MONUMENTS — CURIOSITÉS

PAR

E.-M. CAMPAGNE

TOURS

ALFRED MAME ET FILS, ÉDITEURS

—

M DCCC LXXXI

PREFACE

Nous voilà partis à travers les grands fleuves du monde. C'est un voyage bien pittoresque et qui nous ménagera d'agréables surprises. Car, si les grands fleuves passent toujours dans les grandes villes, suivant la remarque d'un naïf, ils traversent aussi les plaines les plus riches, ils longent les plus charmantes vallées, les gorges profondes, et portent partout la fécondité et la vie. Considérés de leur embouchure, les fleuves sont comme des arbres gigantesques, avec les affluents pour branches latérales, plongeant leur tronc superbe dans l'immensité de l'Océan et lançant leur cime jusqu'au sommet des plus hautes montagnes. En jetant un coup d'œil général sur une mappemonde, on voit avec quelle harmonie ces arbres bienfaisants ont été couchés sur la surface immense de la terre. Mais où commence leur tronc et où finissent leurs cimes? En d'autres termes, où trouvera-t-on la vraie source, la vraie origine des fleuves? Les plus grands fleuves du monde commencent par un ruisseau ou par une cascade jaillissant du flanc d'une montagne. Mais d'où viennent ce ruisseau et cette cascade? Ici il faut changer la comparaison. L'eau circule dans l'intérieur et sur la surface de la terre, comme le sang circule dans le corps de l'homme. Dans les deux, le liquide part du cœur et revient au cœur : c'est un mouvement sans fin et la condition primordiale de la vie. Les fleuves sont donc comme les veines du corps humain. Ils reçoivent l'eau par les artères de la terre, c'est-à-dire par les nappes de liquide qui circulent partout dans l'intérieur du globe, entre deux couches de terrains, dont l'une perméable et l'autre imperméable. Ces nappes sont mises en mouvement par l'immense pression de l'Océan, ou par les pentes qui reçoivent les eaux du ciel et la fonte des neiges éternelles. Mais les neiges et les pluies viennent de la mer par évaporation. La vraie source et l'origine des fleuves se trouvent donc dans l'Océan, qui couvre les trois quarts de notre planète.

Les montagnes jouent un grand rôle dans cette immense circulation, et on trouve la même harmonie dans leur prévoyante distribution. Les grandes chaînes qui longent du sud au nord les deux Amériques rejoignent, par le détroit de Behring, les montagnes de l'ancien continent, qui traversent l'Asie et l'Europe et passent en Afrique jusqu'au cap de Bonne-Espérance : c'est ce qu'on appelle l'épine dorsale du monde, qui établit une pente générale pour l'écoulement des eaux. D'immenses ramifications se détachent de cette grande ligne dans toutes les directions et dans tous les pays : c'est ce qui forme les bassins maritimes, qui ramènent dans la même mer les eaux de plusieurs fleuves.

En suivant le cours des fleuves, nous allons donc visiter

tous les pays, nous arrêtant de préférence aux sites les plus charmants ou les plus sauvages, aux villes les plus pauvres ou les plus somptueuses, devant des chaumières ou des palais; consultant l'homme sauvage et l'homme civilisé, suivant les fantaisies de notre imagination ou les besoins de notre curiosité bien légitime. Et à notre retour nous serons heureux d'avoir lu une page de plus dans le livre admirable de la création.

LES FLEUVES

CHAPITRE I

La terre est fluide à l'origine. — Écorce terrestre par l'eau et le feu. — Bouleversements successifs.

Un grand nombre de preuves concourent à établir que la terre fut d'abord une masse fluide en ignition, où l'eau, la boue, les métaux et minéraux en ébullition formaient un mélange monstrueux que l'Écriture appelle *chaos*. La découverte du mouvement de la terre sur elle-même, jointe à son aplatissement aux pôles, a conduit les géologues à cette conclusion. Car si la terre avait été une masse solide jusqu'au centre, elle n'aurait jamais pris la forme sphéroïdale. Peu à peu, par l'effet du refroidissement résultant du rayonnement, la surface extérieure de la terre commença à se solidifier et continua à se refroidir, de sorte que cette pellicule ou *écorce* se forme encore de nos jours en s'augmentant à l'intérieur. Les anciens, qui croyaient la terre solide jusqu'au centre, n'avaient aucune idée de cette écorce, à laquelle le calcul attribue une épaisseur de 110 kilomètres environ. La plupart des masses minérales qui existent en couches ont été formées par l'action des eaux superficielles : ce sont des dépôts ; c'est-à-dire que les matériaux qui les composent, réduits à l'état de parties plus ou moins grossières, charriés ou tenus en suspension dans les eaux des fleuves, des lacs ou des mers, ont été abandonnés sur leur fond par l'effet de leur pesanteur, avec les débris des êtres organiques que ces eaux nourrissaient. D'autres masses minérales ou roches paraissent, au contraire, avoir été formées par des causes plus ou moins analogues à celles qui agissent dans les volcans, c'est-à-dire que leurs matériaux ont été soulevés et ont fait irruption à travers la croûte du globe, lancés par la force expansive du feu central, qui n'a pas moins de trois mille lieues de profondeur. Cette force gigantesque, cause des tremblements de terre, a déjà produit cinq cent soixante bouches de volcans actifs, d'où s'échappent des substances minérales en liquéfaction, qui viennent à l'extérieur se placer au-dessus de roches plus anciennes. L'eau, en déposant les matières qu'elle charrie, élève sous nos yeux la surface du sol; mais ce qu'elle amène sur un point, elle l'a enlevé à un autre; elle nivelle peu à peu la surface des continents. L'air agit de concert avec l'eau pour décomposer et désagréger les roches superficielles et produire des éboulements au pied des montagnes escarpées. L'action des vagues de la mer produit aussi des changements notables sur les rivages. Dans les côtes élevées, elles minent les roches par le bas et forment les *falaises;* ailleurs elles déposent une couche de matières meubles qu'on nomme *cordon littoral.* Les torrents et les rivières, suivant la nature des pentes sur lesquelles roulent leurs eaux, dégradent ou bien obstruent sans cesse de leurs dépôts les vallées qu'ils parcourent.

Ces phénomènes actuels peuvent nous faire comprendre les phénomènes anciens. Ces grands dépôts de coquilles marines, formant des couches d'une centaine de mètres d'épaisseur, qu'on trouve dans presque toutes les chaînes de montagnes comme dans les profondeurs de la terre, nous font penser qu'à de certaines époques, de prodigieux bouleversements ont changé le relief de la surface du globe, en soulevant à de grandes hauteurs des parties du sol couvertes par la mer, en même temps qu'ils plongeaient d'autres parties du continent sous les eaux, dont le lit se trouvait ainsi déplacé. Les portions submergées se recouvraient alors lentement de dépôts laissés par les eaux et de dépouilles d'animaux à coquilles; puis survenait une nouvelle catastrophe, qui changeait encore la figure du sol, submergeant les terrains élevés ou faisant surgir du sein des eaux de nouvelles montagnes. Tout fait présumer que les montagnes primitives furent nombreuses et d'une hauteur prodigieuse. Des éboulements, d'abord très considérables, entassés au pied de ces monts gigantesques, sont aujourd'hui les montagnes secondaires; la destruction se ralentit graduellement; les débris, plus divisés, furent entraînés au loin; les plaines se formèrent. Ce mouvement n'a pas cessé : les montagnes s'abaissent encore par des écroulements, qui exhaussent le fond des vallées et fournissent aux eaux courantes la matière de nouveaux atterrissements. Il y a donc sur la surface de la terre une tendance au nivellement; mais combien de siècles s'écouleront avant que ce résultat soit obtenu?

CHAPITRE II

Océan. — Description, grands courants. — Niveau, profondeur et salure. — Grand Océan et Méditerranée.

L'Océan couvre environ les deux tiers de la superficie du globe. Les îles, qui sont des saillies du fond de la mer assez hautes pour dominer la surface, sont innombrables sous la région équatoriale, au nord et à l'est de l'Australie, dans le grand Océan; elles sont encore très nombreuses dans la mer des Antilles, entre les deux Amériques. Il est remarquable que les grands continents se terminent au sud par des presqu'îles. Les deux Amériques et l'Afrique finissent en pointes; l'Asie projette dans le grand Océan l'Inde et le royaume de Siam; l'Europe se prolonge dans la Méditerranée par l'Espagne, l'Italie et la Grèce.

La surface de l'Océan n'est jamais immobile. L'action attractive du soleil et de la lune y détermine le *flux*, qui est dû à l'ascension des eaux (marée haute ou montante), suivi du *reflux* ou retrait des eaux (marée basse). Beaucoup d'autres mouvements agitent la surface mobile des mers : tels sont ceux qui emportent les eaux des pôles vers l'équateur; tel est celui qui les porte d'orient en occident. Parmi les courants les plus remarquables, il faut citer le grand courant perpétuel, qui domine à peu près seul dans l'océan Indien et va du sud au nord. Un autre courant, le *Gulf-Stream,* part du golfe du Mexique et remonte vers le banc de Terre-Neuve; là il se divise en deux bras, dont l'un revient à peu près au point de départ, et l'autre, sous le nom de *Courant oriental,* s'avance vers le nord-est, et réchauffe les côtes occidentales de l'Europe. Enfin il y a un courant qui, né au pôle austral, frappe la côte du Chili, et s'y brise en deux branches : l'une va au nord, longeant la côte occidentale de l'Amérique du Sud, et la refroidissant jusqu'au cap Blanc, où il est réfléchi vers la Nouvelle-Guinée; l'autre branche se dirige vers le cap Horn, élevant la température de la Patagonie et de la Terre-de-Feu.

Le niveau des grandes mers est à peu près le même partout; mais le fond n'est pas exempt de ces aspérités montagneuses qui hérissent notre sol. Aussi la profondeur des mers change-t-elle suivants les endroits où on la sonde, avec autant d'irrégularité que la hauteur des différents points du continent. Leur température est bien plus uniforme, à partir d'une certaine profondeur, quelle que soit leur position géographique. D'après Dumont d'Urville, à 400 pieds, le changement de température devient peu sensible, et les eaux paraissent être à peu près à 4° centigrades au-dessous de zéro. Le degré de salure semble augmenter avec l'éloignement des côtes et avec la profondeur des eaux. Les mers sont d'autant plus salées qu'elles reçoivent moins de rivières et qu'elles sont moins voisines des glaces permanentes. L'eau de la mer se trouve soumise à une pression d'autant plus forte qu'on la considère à une plus grande distance au-dessous de sa surface. A une profondeur qui n'est pas bien considérable, cette pression serait déjà trop grande pour permettre de vivre aux êtres organisés, animaux ou végétaux.

Le grand Océan, auquel Magellan (1521) donna le nom de *mer Pacifique*, à cause du calme relatif qu'il y avait rencontré après avoir affronté la mer orageuse de l'extrême sud de l'Amérique, fut redouté pendant longtemps pour son immensité. Le traverser était pour les Européens une entreprise des plus hardies, et on ne s'y aventurait dans sa partie septentrionale qu'à cause des relations existant entre les colonies espagnoles du Mexique et de Manille. Depuis les voyages de Cook et les perfectionnements de la navigation, le grand Océan a perdu ses terreurs, et est aujourd'hui l'une des mers du monde les plus fréquentées. Toutefois, pour y naviguer, il est essentiel de bien connaître ses courants. Le plus important est le grand courant équatorial ou occidental, qui règne dans la mer des Tropiques et qui, joint aux moussons qui y soufflent également à l'ouest, y facilite autant la navigation à l'ouest qu'il la rend difficile à l'est. Dans la partie septentrionale dominent divers courants, mais venant surtout de l'est. Sur la côte d'Amérique, au contraire, il en règne un qui conduit au sud, et qui finit par se confondre avec le courant équatorial. Dans sa partie méridionale, les courants se dirigent généralement vers le nord et le nord-est. C'est le *grand courant polaire du Sud,* qui entre dans l'Océan pour finir par se confondre avec le courant équatorial.

La Méditerranée est très profonde, surtout à l'ouest. A Nice, tout près du rivage, elle atteint 1,400 mètres de profondeur, et sur divers points elle dépasse 1,800 mètres. Il est à peu près prouvé que l'Europe et l'Afrique se touchaient autrefois à Gibraltar et en Sicile, comme on peut l'inférer de la formation géologique des chaînes de l'Atlas et de celles de l'Espagne, ainsi que de leur parallélisme. Un autre fait qui tend à confirmer cette antique union des deux continents, c'est l'existence des bas-fonds qui se prolongent depuis le cap Bon, sur la côte d'Afrique, jusqu'au détroit de Messine, et qui partagent la mer en deux bassins; bas-fonds formant à ce point comme la crête d'une montagne, sur laquelle il n'y a, en certains endroits, que 60 et même que 13 à 14 mètres d'eau, tandis que, des deux côtés de cette crête sous-marine, la profondeur est immense, et que la sonde y atteint jusqu'à 2,000 mètres sans toucher le fond. La Méditerranée est soumise à des vents irréguliers et variables, et la marée ne s'y fait que très peu sentir. Par suite de la forte évaporation à laquelle elle est soumise, de la petite quantité d'eau douce qu'y déversent les fleuves, et du puissant courant d'eau salée que lui envoie l'océan Atlantique, la Méditerranée fait exception aux autres mers intérieures, et ses eaux sont beaucoup plus salées que celles de l'Océan.

CHAPITRE III

Sources minérales : chaleur centrale; cause des sources thermales; sources artésiennes et leur description.

En recherchant la source des fleuves, nous avons déjà montré la disposition de la surface générale de la terre pour faciliter l'écoulement des eaux; nous avons expliqué la formation de la croûte ou écorce terrestre par l'eau et le feu, et donné une description de l'Océan. Mais, après avoir étudié la circulation des eaux superficielles, il faut étudier celle des eaux intérieures. L'aplatissement de la terre vers ses pôles, avons-nous dit, tend à faire supposer que le globe terrestre a été originairement fluide. Ce résultat, pour la terre, est confirmé par un autre fait qui en donne l'explication : c'est que notre globe possède, dans son intérieur, une chaleur considérable, qui ne dépend pas de celle qu'il reçoit du soleil, mais qui est un reste de sa chaleur d'origine, dont une partie seulement s'est dissipée à travers sa surface. L'observation démontre qu'à mesure que l'on s'enfonce dans l'intérieur de la terre la température des couches va en augmentant d'à peu près un degré par 25 à 30 mètres de profondeur. Tout porte donc à croire que la fluidité dont elle a joui avant de prendre sa forme sphéroïdale était due à la chaleur; qu'elle a été d'abord complètement fluide; que, par le refroidissement, ses parties superficielles ont formé une espèce de croûte minérale; et que l'intérieur de la masse possède encore une température capable de tenir en fusion les différentes matières que nous connaissons à l'état solide. C'est cette chaleur propre des parties internes du globe que nous appelons *chaleur centrale*.

Cette haute température à laquelle sont soumises les matières en fusion qui composent le noyau de la terre, explique aisément la production et l'accumulation, au-dessous de son enveloppe solide, des matières gazeuses dont l'existence se manifeste dans les éruptions volcaniques. Elle fournit aussi l'explication la plus probable des *sources chaudes et minérales* qu'on observe dans les pays volcaniques, rarement dans les plaines, mais plus ordinairement dans les lieux où il y a eu anciennement des dislocations nombreuses, des soulèvements de roches massives.

Elles proviennent sans doute de ces émanations gazeuses qui s'échappent sans cesse de ces foyers volcaniques comme d'un réservoir commun, et qui se font jour non seulement par les canaux qui aboutissent directement aux cratères des volcans, mais encore par des fentes latérales, qui les portent quelquefois à d'assez grandes distances des volcans actuels. Ces gaz, dans lesquels la vapeur d'eau abonde, en parcourant de longs canaux souterrains, se refroidissent en se rapprochant de la surface de la terre, et se transforment en sources liquides par leur condensation, ce qui est cause qu'ils nous arrivent le plus ordinairement sous cette forme.

Une autre classe de sources provient des eaux qui recouvrent la surface de la terre et qui s'infiltrent dans le sol : ce sont les *sources ordinaires*. On sait que les diverses roches meubles, les sables, par exemple, se laissent traverser par l'eau comme des cribles ; que d'autres sont pénétrées par ce liquide à raison de leur grande porosité ou des nombreuses fissures qui les sillonnent. Les eaux circulent donc dans l'intérieur de la terre, soit dans les interstices des roches, soit dans les fissures naturelles qui séparent leurs couches, soit même dans les canaux qu'elles se sont creusés et où elles coulent librement, après s'être substituées à des parties sableuses ou calcaires qu'elles ont entraînées ou dissoutes. Si les couches perméables qui leur donnent ainsi passage sont contenues entre des couches imperméables, telles que des dépôts d'argile, celles-ci retenant les eaux, il se forme alors des nappes liquides d'une étendue plus ou moins considérable, qui suivent toutes les inflexions des couches, et qui se composent, les unes d'eaux stagnantes, les autres d'eaux courantes ; et comme il peut se rencontrer, à plusieurs étages de ces alternances de couches perméables et imperméables, il peut y avoir dans un même lieu des nappes à différentes profondeurs ; et l'on conçoit qu'en général il y aura autant de nappes liquides que de couches poreuses reposant sur des couches imperméables. On sait que les couches n'ont presque jamais une position horizontale dans toute leur étendue, mais qu'elles forment en général des bassins géologiques vers les bords desquels elles se redressent; aussi les voit-on se montrer à nu par leurs tranches sur le penchant des collines ou dans des plaines plus élevées que celles où elles se présentent horizontales. Les nappes d'eau qui les accompagnent, et qui ont quelquefois de vingt à trente lieues de longueur, se retirent donc en même temps que les couches; et c'est même dans les parties les plus élevées qu'est leur origine, là où les deux terrains, le perméable et l'imperméable, viennent effleurer le sol. A cette ligne d'intersection des couches avec la surface terrestre, a lieu l'absorption des eaux qui alimentent les nappes souterraines et qui ont souvent pour réservoir les lacs ou les rivières. Lorsque ces nappes, après être descendues plus ou moins profondément dans le sol, se relèvent de nouveau du côté opposé à leur point de départ, si elles rencontrent une nouvelle issue à un niveau moins élevé que le point d'où elles sont parties, elles donnent naissance à une source ou *fontaine naturelle*. Dans les parties où ces nappes ne se relèvent point assez pour venir à la surface, on peut faire naître une *source artésienne* ou artificielle en établissant, au moyen de la sonde, une communication entre la surface du sol et la nappe d'eau, par un trou cylindrique que l'on garnit d'un long tube pour que l'eau puisse s'y élever sans se perdre dans le terrain environnant. L'eau se meut ainsi dans une espèce de syphon renversé dont la longue branche est située du côté du réservoir qui alimente la nappe, et dont la courte branche est représentée par le tube où elle remonte. On voit, d'après cette disposition, que l'eau doit jaillir du puits foré si la hauteur d'où elle est partie surpasse notamment celle de l'orifice par où elle sort au jour. Telle est l'origine des sources artésiennes et de certaines eaux jaillissantes naturelles. C'est en suivant cette disposition que dans les villes on produit de magnifiques fontaines à jet d'eau et qu'on fait monter l'eau de rivière jusqu'au sixième étage.

CHAPITRE IV

Glaciers : neiges éternelles, névé et glacier; moraines; formation de la glace dans les fleuves et les mers.

Tout le monde sait qu'au sommet des lieux élevés il fait plus froid que dans les parties plus basses; le froid devient assez intense à de certaines hauteurs sur les montagnes pour que l'eau y tombe sous forme de neige, et que cette neige n'y fonde pas. Cette neige est dite *perpétuelle*, et la hauteur où elle ne fond plus sur les montagnes est appelée *limite des neiges perpétuelles*. Cette limite varie avec les montagnes : on comprend qu'elle est plus élevée auprès de l'équateur qu'aux environs des pôles. La limite baisse à proximité des montagnes; à proximité des plateaux, c'est l'inverse qui a lieu. Les neiges perpétuelles persistent sous deux formes : les *névés*, les *glaciers*. Sur les parties très élevées, la neige reste blanche et floconneuse. Cette masse, mobile comme les sables du désert, est transportée par le vent, du haut des cimes qu'elle couronne, dans les vallées inférieures. Lorsque ces vallées ont la forme d'un cirque ou bassin élargi, la neige s'y accumule en amas, se tasse, éprouve un commencement de fusion qui, de floconneuse et légère, la rend poudreuse et grenue : elle porte alors le nom de *névé*. Les grains de neige des névés, agglutinés solidement par l'eau infiltrée qui se congèle et les cimente, forment l'élément principal des glaciers. La partie supérieure du glacier est appelée *glacier réservoir;* l'inférieur, *glacier d'écoulement*. Le glacier d'écoulement est composé d'une glace plus compacte, variée de bandes transparentes richement colorées en bleu ou en vert foncé. La masse est toute fissurée; elle se compose de couches à peu près parallèles, correspondantes aux couches de neige qui sont tombées pendant l'année dans les parties supérieures. Cette masse jouit d'une certaine plasticité; aussi les glaciers se meuvent-ils sur le sol, qui a lui-même une pente favorable au mouvement; ce mouvement est encore aidé par la dilatation de la glace, sous l'action de la chaleur extérieure; ils entraînent des débris arrachés par le frottement aux rochers qui les supportent ou les encaissent. De ces fragments, les uns restent entre le glacier et la roche, et y produisent une couche de boue; pressés par le glacier contre la roche, ils la marquent de stries, de sillons parallèles, dans le sens où marche le glacier. D'autres fragments de roches adjacentes, et ce sont les plus nombreux, s'ajoutent à ceux qui sont détachés des parois de la vallée par les agents atmosphériques ou la chute des avalanches, et roulent à la surface du glacier; ils l'entourent en remparts longitudinaux et transversaux connus sous le nom de *moraines*.

On a longtemps agité la question de savoir si la glace se formait au fond ou à la surface des eaux des fleuves. Plusieurs physiciens ont avancé et soutenu que les glaçons que charrient les rivières partent d'abord du fond. Suivant leur opinion, le fond de l'Océan est recouvert d'une couche de glace. Cette hypothèse n'est plus soutenable, depuis surtout que la théorie du feu central, la plus vraisemblable de toutes, est basée sur des observations plausibles; d'où il suit que les eaux qui occupent les parties inférieures des abîmes des mers doivent avoir une température plus élevée que celles qui se trouvent à sa surface. D'ailleurs, une masse d'eau est un préservatif du froid; une maison de neige offre, dans les pays très froids, un excellent abri : tout porte donc à croire que les glaçons se forment à la surface des eaux. La congélation commence vers les bords, dans les endroits où l'eau est tranquille. Si la glace était plus pesante que l'eau, dans les froids de longue durée, les rivières et les étangs gèleraient jusqu'au fond, et tous les poissons qui s'y trouveraient périraient infailliblement, puisque, les glaçons tombant au fond des eaux à mesure qu'ils se formeraient, toute la masse du liquide se solidifierait : cela se conçoit. Or, la glace, se tenant à la surface, devient un préservatif contre le froid pour les eaux qui sont au-dessous. — Les glaces couvrent les mers, les régions polaires et le sommet de certaines montagnes; elles vont toujours en augmentant. Néanmoins, de temps à autre, il se détache des régions polaires des quartiers énormes de glace, qui ont quelquefois plusieurs kilomètres de circonférence : ils voyagent généralement en s'éloignant du pôle, et se fondent entièrement. — N'oublions pas de dire en passant qu'en 1740 on construisit avec des quartiers de glace, à Saint-Pétersbourg, un palais de dix-sept mètres de long sur sept mètres de haut. Quatre canons, aussi en glace, furent placés devant cet édifice : on les chargea avec de la poudre, et ils chassèrent le boulet sans crever. Des curieux ont fait avec de la glace des lentilles qui avaient les mêmes propriétés que celles en cristal ; elles concentraient les rayons du soleil et mettaient le feu à des matières combustibles exposées à leur foyer. Ceci prouve qu'au milieu des glaces polaires on peut trouver quelques endroits d'une température relativement élevée. Au reste, vers la fin de juin, la grande débâcle se produit, comme nous l'a prouvé le célèbre Nordenskjold, qui a trouvé le passage du nord-est par l'océan Glacial.

CHAPITRE V

Les grands bassins maritimes.

Nous avons déjà vu que les montagnes jouent un grand rôle dans l'immense circulation des eaux sur la surface de la terre. En effet, les grandes chaînes qui longent du sud au nord les deux Amériques rejoignent par le détroit de Behring les montagnes de l'ancien continent, qui traversent l'Asie et l'Europe et passent en Afrique, jusqu'au cap de Bonne-Espérance : c'est ce qu'on appelle *l'épine dorsale du monde*, qui partage la terre en deux grands versants ou bassins maritimes.

L'Amérique, généralement plus froide que l'ancien continent à cause de sa petite largeur et de son prolongement aux deux pôles, de la hauteur de ses montagnes et de l'immense quantité d'eau qu'elles envoient à la mer, ne forme, pour ainsi dire, qu'un gigantesque bassin, qui nous envoie de tous les climats les plus beaux fleuves du monde, pour les verser dans l'océan Atlantique, qui est le grand réservoir des deux continents.

En effet, l'Afrique, du sud au nord, y verse aussi ses eaux; et si ces fleuves pouvaient parler, ils nous diraient les merveilles ou les désolations de cette vaste région intérieure encore inconnue Les sables brûlants, les déserts arides; des peuplades sauvages et inhospitalières; des chaînes de rochers qui traversent les fleuves et rendent la navigation impraticable; des caravanes englouties sous des montagnes de sable que le vent soulève comme les flots de la mer; une foule d'animaux féroces, depuis le lion et l'éléphant jusqu'au crocodile et aux serpents monstrueux; une désolante stérilité à côté d'une végétation puissante qui se développe sous l'influence des tropiques : autant de dangers qui ont longtemps découragé la curiosité et même l'avidité du voyageur. Les fleuves silencieux cachent encore dans l'Atlantique les secrets des déserts africains. Et, si nous considérons la Méditerranée et la Baltique comme des golfes, l'Europe, à son tour, hérissée de hautes montagnes, nous envoie ses admirables fleuves, qui ont vu passer sur leurs rives les premiers habitants de l'Asie, des hordes barbares et des nations civilisées, et, pour ainsi dire, toute l'histoire du genre humain. L'océan Atlantique est donc le grand réservoir des deux continents.

Du côté opposé, l'océan Pacifique, dont l'océan Indien n'est qu'un golfe, reçoit les plus grands fleuves de l'Asie, dont les sources remontent jusqu'aux steppes nues et froides des plateaux élevés, et descendent ensuite dans les plaines, où la végétation déploie une vigueur et une richesse surprenantes. L'Océanie, jetée au milieu de cet océan, et les côtes occidentales de l'Amérique y déversent aussi leurs petites rivières. A part ces deux grands bassins maritimes, il ne reste plus que l'océan Glacial, qui reçoit les fleuves du nord des deux continents. De ce point de vue général, nous allons descendre aux fleuves célèbres, aux fleuves remarquables, et aux détails intéressants des petits bassins qui se partagent la direction des eaux et la beauté des sites des différentes contrées.

CHAPITRE VI

Les fleuves célèbres : le Tigre et l'Euphrate; le Jourdain; le Nil et le Gange; le Pô et le Rhin.

Entre le Tigre et l'Euphrate, qui se réunissent avant de se jeter dans le golfe Persique et qui prennent leur source au midi du mont Taurus, étaient situées les plaines de Sennaar, berceau du genre humain. Non loin des ruines de l'ancienne Ninive, on trouve Bagdad, sur les deux rives du Tigre. Les Chaldéens et les Assyriens ne sont plus. Les Perses, les Grecs et les Romains ont passé par là, et aujourd'hui les Maronites et les Druses sont établis dans la vallée du Liban, en attendant les nouvelles destinées de cette terre bénie, où « chaque nom renferme un mystère, chaque grotte déclare l'avenir, et chaque sommet retentit des accents du prophète ». Les cèdres du Liban, célébrés tour à tour par la religion, la poésie et l'histoire, sont les monuments naturels les plus célèbres de l'univers. Autour de ces vieux témoins des âges écoulés, qui nous raconteraient, s'ils pouvaient parler, tant d'empires, de religions, de races humaines évanouies, il reste encore une petite forêt de cèdres plus jeunes, au pied desquels descendent tous les ans, au mois de juin, les populations chrétiennes des vallées voisines, pour faire célébrer une messe. La mosquée d'Omar remplace aujourd'hui le temple de Jérusalem; mais le voyageur chrétien se console en visitant l'église du Saint-Sépulcre, qui comprend le mont Calvaire et plusieurs autres lieux saints. N'oublions pas de visiter le *Jourdain*, ce fleuve si célèbre dans les fastes de la religion. Les Hébreux n'avaient qu'un Dieu, qu'un temple, qu'une ville; ils n'avaient aussi qu'un fleuve, qu'une mer, comme si la grande unité eût tendu à s'établir jusque dans la nature de leur pays. Le Jourdain n'est pas un torrent desséché et misérable, comme on l'a quelquefois prétendu; il peut être assimilé aux principaux affluents de la Seine. Les anciens plaçaient la vraie source du Jourdain à Banias, l'ancienne Césarée de Philippe. Là est une caverne d'où s'échappe un volume d'eau considérable. Ce ruisseau se réunit plus loin à un autre cours d'eau, et les deux affluents réunis en rencontrent un troisième. Là commence le Jourdain. Après un parcours de peu d'étendue, le Jourdain se jette dans un lac de deux lieues de long sur une de large: c'est le lac Mérom de la Bible et le Houlé des Arabes. En sortant de ce lac, où se réfugient parmi les roseaux des troupeaux de sangliers, le Jourdain traverse la belle plaine de Galilée, si célèbre autrefois par sa fertilité. Abraham dut la traverser en arrivant de Mésopotamie. Le *Pont des fils de Jacob* en est une preuve. La plaine a deux lieues et demie de longueur; à cette distance, le Jourdain se jette dans un second lac plus important, le lac de Génézareth ou de Tibériade, ou encore la mer de Galilée, dont le nom rappelle tant de souvenirs. Ce lac a six lieues de long sur une et demie de large. Les rives sont d'une beauté remarquable; c'est la contrée la plus pittoresque, la plus salubre et la plus fertile de la Palestine. Les écrivains anciens et les voyageurs modernes rendent tous ce témoignage à la Galilée et à son beau lac, témoin de tant de miracles. Sur ses bords, il y avait autrefois plusieurs villes qui ont disparu : Capharnaüm, Bethsaïde ont laissé à peine quelques traces de leur existence; Tibériade n'est plus qu'un village sans importance. La solitude et le silence ont succédé à l'animation qui régnait sur les rives du lac; elles ne sont plus animées que par le souvenir, mais c'est le souvenir des grandes scènes évangéliques qui préparèrent la régénération du monde. Nulle part ailleurs, en terre sainte, la nature muette n'est plus éloquente. Le Jourdain, sorti du lac de Tibériade, poursuit sa course entre deux chaînes de montagnes; à droite et à gauche s'étend une plaine stérile. A la hauteur de Galaad, Jephté extermina les Éphraïmites aux gués du Jourdain; puis c'est la plaine de Jéricho, par où entrèrent les Hébreux en arrivant à la terre promise. La tradition y montre le point du passage miraculeux du Jourdain, l'emplacement probable de Galgala, où les Hébreux campèrent pour la dernière fois, après quarante ans de vie nomade dans le désert; enfin, un double et grand souvenir : la prédication de saint Jean et le baptême de Jésus, fait de ce lieu un des plus mémorables de la terre sainte. A une faible distance de ces lieux vénérés, le Jourdain va se perdre dans la mer Morte pour n'en plus sortir. Du lac de

Mérom à la mer Morte, il y a environ 30 lieues, en suivant des pentes sinueuses et rapides. La vallée s'abaisse donc, et les eaux de la mer Morte sont de 400 mètres au-dessous du niveau de la Méditerranée. Il y a là comme une cavité profonde que le Jourdain ne peut remplir. Cet état physique n'a rien d'extraordinaire : des études faites au delà de la mer Morte prouvent qu'à une époque reculée ses eaux devaient avoir un écoulement jusqu'à la mer Rouge.

Le Nil, dont Stanley vient de rechercher la vraie source, et qui a vu la première civilisation, est un fleuve immense, qui arrose, directement ou par ses affluents, une grande étendue de l'Afrique centrale, l'Abyssinie, la Nubie et l'Égypte. Le sol de ces contrées n'est fertile que dans la vallée du Nil, car le reste n'est qu'un vaste désert de sable. Et la fécondité de la vallée elle-même dépend de l'inondation régulière du Nil, qui a lieu chaque année entre le mois de juin et le mois de septembre. Mais si la crue s'opère dans des conditions convenables, la récolte est d'une abondance et d'une richesse extraordinaires. L'inondation périodique du Nil s'explique par les pluies régulières et torrentielles qui tombent chaque année dans la zone torride, où ce fleuve prend sa source, et surtout en Abyssinie, d'où l'on exporte l'ivoire et la poudre d'or. En arrivant par la Méditerranée, en face de l'embouchure du Nil, le nom du pays, qui tient à tant de faits et d'idées; l'aspect des lieux, qui présente un tableau si pittoresque; ces palmiers qui s'élèvent en parasol; ces maisons à terrasses, dépourvues de toit; ces flèches grêles de minarets qui portent une balustrade dans les airs : tout avertit le voyageur européen qu'il est dans un autre monde; c'est Alexandrie, l'entrepôt de toutes les denrées, de toutes les productions de l'Afrique centrale, de l'Arabie et de l'Inde. Descend-il à terre, une foule d'objets inconnus l'assaille par tous ses sens : c'est une langue dont les sons barbares effrayent vos oreilles; ce sont des habillements d'une forme bizarre, des figures d'un caractère étrange. Mais, s'il remonte le Nil jusqu'au Caire, un spectacle imposant frappera ses regards : ce sont les Pyramides, debout depuis quarante siècles, et que la main du temps n'a pu encore entamer. On commence à les voir à dix lieues, et elles semblent s'éloigner à mesure qu'on s'en approche. On en est encore à une lieue, et déjà elles dominent tellement la terre, qu'on croit être à leur pied. Rien ne saurait exprimer la variété des sensations qu'on y éprouve : la hauteur de leur sommet, la rapidité de leur pente, l'ampleur de leur surface, la mémoire des temps qu'elles rappellent, le calcul du travail qu'elles ont coûté, l'idée que ces immenses rochers sont l'ouvrage de l'homme, si petit et si faible, tout saisit à la fois le cœur et l'esprit d'étonnement, de terreur, d'admiration et de respect.

Le Gange, qui se jette dans le golfe de Bengale, à l'est de Calcutta, traverse une contrée favorisée du ciel, et arrose par ses affluents les vastes plaines, du centre de l'Hindoustan au sud de l'Himalaya, où il prend sa source. Les pluies périodiques, les grandes chaleurs, le limon déposé sur le sol par les rivières, donnent une vigueur remarquable à la végétation, et la terre y produit deux récoltes par an, en mars et en septembre. Les premières montagnes, de médiocre hauteur, sont couronnées d'arbres et de pâturages qui nourrissent toutes sortes de bestiaux. Au delà s'élèvent d'autres montagnes très hautes, dont le sommet, toujours couvert de neige, s'élève au-dessus de la région des nuages et des brouillards, et ne cesse jamais d'être tranquille et lumineux. De toutes ces montagnes on voit jaillir un grand nombre de sources et de ruisseaux, que les habitants ont l'art de distribuer dans leurs champs de riz, et de conduire même par de grandes levées de terre sur leurs petites collines. Tant de ruisseaux répandent dans les champs et sur les collines une fertilité admirable. Vous croyez voir un grand jardin verdoyant, mêlé de bourgs et de villages, entrecoupé de canaux qui le partagent en petites prairies, en pièces de riz, de froment, de chanvre et de diverses sortes de légumes. Un Européen y reconnaîtrait partout les plantes, les fleurs et les arbres de notre climat. Mais prenez garde, à côté de ces beautés vous pouvez rencontrer le tigre royal caché dans un buisson. Les éléphants sauvages abondent aussi dans les forêts et les lieux marécageux. Ils se tiennent par troupes nombreuses, conduites par un vieux mâle, et vivent de graines, d'herbes, de feuillage et de racines. Pour la chasse, on forme dans la forêt une vaste enceinte de pieux qui se ferme par une trappe, et on y conduit un éléphant apprivoisé, que l'on fait crier pour faire arriver les autres. On les prend aussi comme les tigres, au moyen de grandes fosses couvertes établies sur leur passage.

Le Pô, qui comme le Gange et le Nil a vu passer tous les conquérants, traverse une riche plaine qui ne laisse pas d'avoir quelque ressemblance avec les belles vallées de l'Hindoustan. La plaine lombarde, ancien golfe de l'Adriatique, est un terrain d'alluvion, composé de débris de toutes sortes arrachés aux flancs des Alpes par les torrents, les glaciers et les avalanches. Des lacs qui se forment ou qui se vident, des rivières qui changent de direction, qui se rejoignent entre elles, ou qui, de cours d'eau tributaires, deviennent des fleuves indépendants; les alternatives d'atterrissements qui fécondent et d'inondations qui dévastent : telle est l'histoire physique de la grande vallée qu'arrosent le Pô et ses affluents. Dès le moyen âge, alors que le reste de l'Europe était plongé dans une épaisse ignorance des choses de la vie pratique, les Lombards s'occupaient d'assécher leurs plaines basses par des fossés d'écoulement, et de creuser des artères d'irrigation à travers leurs champs fertilisés. Aujourd'hui le pays est sillonné en tout sens par un lacis artificiel de cours d'eau et de rigoles auquel il semble impossible de rien ajouter; c'est la culture, c'est le jardinage poussé aux dernières limites du perfectionnement, car chaque motte de terre susceptible d'arrosement est aménagée de manière à fournir son maximum de rapport. C'est le pays de l'Europe, sans en excepter la France, où la propriété est le plus divisée. Des campagnes, coupées d'innombrables clôtures, présentent à l'œil des cultures variées à l'infini : ici le pâturage alpestre, là le hêtre et le châtaignier, l'olivier et la vigne; plus loin les céréales du Danube, le lin des Flandres, le maïs du Mississipi, le mûrier des Indes et les grandes rizières. La cité centrale et maîtresse de cette opulente région, c'est Milan. De Venise, on y peut revenir par Mantoue, Crémone, Plaisance et Pavie, jadis rivale de Milan, aujourd'hui triste et déchue et ne devant plus qu'à son université un reste d'animation intermittente.

Le Rhin, si renommé pour la beauté de ses rives, est surtout célèbre au point de vue historique dans l'enfantement des nationalités modernes. Nous reviendrons ailleurs sur ce fleuve, redoutable problème pour la nation française, et nous laissons là les tristes souvenirs ou des préoccupations sérieuses pour nous reposer par une description des mœurs patriarcales. — En entrant en Allemagne par le chemin de fer de Bâle, vous apercevez sur la rive droite du Rhin, au milieu d'une plaine vaste et féconde, la ville célèbre de Fribourg et sa remarquable cathédrale. Bientôt, du même côté, vous verrez se dresser vers le ciel d'antiques sapins, dont les branches inférieures traînent jusqu'à terre, et d'énormes hêtres, tantôt groupés, tantôt disséminés parmi les arbres résineux : c'est la célèbre et immense forêt Noire. Là le paysan, loin du tracas des affaires publiques, écoute avant de s'endormir, non point de ridicules ou vulgaires propos, mais le majestueux roulement des feuillages et le bruit plus sonore des cascades pendant le silence de la nuit. Retirés du monde et presque indifférents à ce qui l'agite, ces pasteurs le découvrent, pour ainsi dire, comme un théâtre noyé dans la brume. On y lutte, on s'y déchire; les maisons d'aliénés regorgent, des femmes se jettent à l'eau parce qu'il n'y a plus d'argent pour acheter une parure nouvelle. Mais le bruit de ces pièces dramatiques n'arrive pas jusqu'à eux : ici l'on se contente de lait, de pommes de terre, de fromage et de pain bis; on porte le costume en usage depuis des siècles; on garde les vaches en sifflant un air monotone; on écoute le vent gémir dans les sapins, la fauvette moduler sa douce chanson et le ruisseau gronder parmi les roches. Tous les poètes ont chanté cette paix profonde et cette liberté absolue. Ce difficile problème a été résolu par les bergers de la forêt Noire. Le terrain qui environne chaque cabane appartient au même propriétaire; ses aïeux ont à dessein fait bâtir le logis dans le centre du domaine. Un peu de terre cultivable fournit l'orge, l'avoine, le seigle, les pommes de terre, le chanvre même qui sert à fabriquer la toile; les pacages nourrissent les vaches dont on consomme le lait sous diverses formes, les veaux, les génisses et les bouvillons destinés à la vente; quelques pruniers portent des fruits pour l'automne; les merisiers livrent fort tard les petites cerises avec lesquelles on distille le Kirsch. Sauf les habits et les chaussures, la famille récolte ou prépare elle-même presque tout ce qu'il lui faut pour vivre. Le prix des bestiaux qu'on élève chaque année donne le reste et de quoi payer les impôts, qui ne sont pas trop lourds dans le duché de Bade. Le montagnard ne fait donc point de commerce; il n'a pas de propriétaire, de suzerain ni banquier qui exige une redevance; il n'a pas de domestiques : le père, la mère et les enfants se servent eux-mêmes et exécutent tous les travaux. Il n'a pas de voisins, car la chaumière la moins éloignée est à cinq cents mètres de la sienne. Qu'on imagine une situation plus favorable pour garantir des soucis, des luttes, des contestations et des haines mutuelles. Ce qui achève de donner à ces habitations un charme peu commun, une physionomie presque idéale, c'est qu'elles sont à l'écart, sans être absolument isolées ou séquestrées du monde comme les anciens ermitages. Çà et là, d'autres chaumières s'élèvent, et de chacune d'elles on en aperçoit plusieurs. Elles égayent les plateaux, les croupes modérément inclinées, la lisière d'un bois. On se tient compagnie à distance : on voit aller et venir des créatures de même espèce. On les salue, on leur parle, on les reçoit et on les visite à l'occasion.

CHAPITRE VII

Les fleuves remarquables : l'Amazone et les sauvages du Brésil, le Volga et les mœurs russes; la vallée du Danube.

Voici le plus grand fleuve du monde : plus de 1000 lieues de cours, 50 lieues de largeur à son embouchure, 325 mètres de profondeur moyenne; c'est le fleuve des *Amazones*, arbre phénoménal, qui jette ses branches gigantesques et arrose la moitié du vaste empire du Brésil, une partie du Venezuela, de la Colombie, de l'Équateur et presque tout le Pérou. Il traverse toute l'Amérique méridionale, refoule les eaux de l'Atlantique et porte les eaux douces jusqu'à 135 kilomètres dans la mer; et la marée y remonte jusqu'à 650 kilomètres dans les terres. Si les bords du Gange sont couverts d'un sable doré, ceux de l'Amazone sont chargés d'un sable d'or pur, et ses eaux, creusant ses rives de jour en jour, découvrent par degrés les mines d'or et d'argent que la terre qu'elles baignent cache dans son sein. Les pays que ce fleuve traverse sont un vrai paradis; et si leurs habitants aidaient un peu la nature, tous les bords d'un si grand fleuve seraient de vastes jardins couverts sans cesse de fleurs et de fruits. Les débordements de ses eaux fertilisent pour plus d'une année toutes les terres qu'il arrose : elles n'ont pas besoin d'autre amélioration. D'ailleurs toutes les richesses de la nature se trouvent dans les régions voisines : une prodigieuse abondance de poissons dans les rivières, mille animaux différents sur les montagnes, un nombre infini de toutes sortes d'oiseaux, les arbres toujours chargés de fruits, les champs couverts de moissons et les entrailles de la terre pleines de mines et de métaux précieux. — Dans les immenses forêts arrosées par les affluents de l'Amazone, vivent indépendantes plusieurs tribus sauvages. Nous ne visiterons que les *Tupinaques* et les *Petirarès*. Les premiers sont de haute taille, infatigables au travail et d'une agilité surprenante. Ils mènent une vie errante, et portent le ravage dans tous les lieux dont ils peuvent approcher. Leurs aliments sont des racines ou des fruits crus, ou la chair des hommes qui tombent entre leurs mains. Ils ont des arcs d'une force et d'une grandeur extraordinaires, et des massues, armées de pierre, dont ils écrasent la tête de leurs ennemis. Leur cruauté les a rendus redoutables à tous les autres habitants du Brésil, sans en excepter les Portugais. Les Petirarès, au nord, sont beaucoup moins barbares que les autres sauvages de ces provinces; ils reçoivent assez civilement les étrangers, et sont fort braves à la guerre. On leur perce les lèvres dès l'enfance avec une pointe de corne de chèvre; et, lorsqu'ils sont sortis de cet âge, ils y portent de petites pierres vertes dont ils tirent tant de vanité, qu'ils méprisent toutes les nations qui n'ont pas cet ornement.

Nous venons de voir le plus grand fleuve du monde; voici le plus grand fleuve de l'Europe, parcourant une étendue d'environ 500 lieues. Il se jette dans la mer Caspienne après avoir arrosé par ses nombreux affluents toute l'Asie orientale, de Moscou aux monts Ourals. Le sud et l'ouest de ce fleuve sont généralement les plus peuplés, les plus riches et les plus fertiles de la Russie; mais quand on a passé Moscou et le Volga, en se dirigeant vers le nord-ouest, les villes et les villages deviennent plus rares; on ne trouve plus que des steppes ou de maigres prairies désertes; des neiges pendant neuf mois de l'année; quelques mines et des animaux à fourrure, comme la martre, grosse comme un chat, et vivant dans les bois de sapins, où elle déniche les oiseaux. La nature n'est pas faite en Russie pour inspirer le peintre ou le poète, mais les hommes y sont à étudier. Si les Russes n'ont pas beaucoup d'imagination, ils ont en retour un talent particulier pour imiter. Ce talent pour l'imitation prouve que le peuple est susceptible de la perfectibilité que les arts peuvent donner à l'espèce humaine. Depuis l'émancipation, le paysan est mieux vêtu, mieux logé, mieux nourri; les femmes sont plus robustes, les enfants plus propres et les demeures plus saines; lui et les siens ont à se féliciter d'un changement qui, d'une *chose* qu'il était, a fait de lui un *homme*. Le paysan, il est vrai, dépense beaucoup d'argent en boissons alcooliques; mais il en dépense plus encore pour la toilette de sa femme. Il emploie de meilleur bois pour la construction de sa cabane, et dans beaucoup de provinces, particulièrement celles de l'est, des améliorations ont été introduites même à l'extérieur. Les troncs de bois sont peints, les joints fermés avec du plâtre. Il envoie ses enfants à l'école et va lui-même plus souvent à l'église. S'il vend moins de fourrures et de blé, c'est qu'ayant une aisance plus grande, il peut maintenant garder pour lui du pain blanc et porter un bonnet de peau. La classe bourgeoise et la classe marchande ont également bénéficié de la réforme. Toutes les branches de l'industrie servant aux usages domestiques ont été stimulées énergiquement. On use plus de chaussures, on construit plus de maisons; les chapeaux, les robes, les manteaux sont l'objet d'une consommation plus grande; les boulangeries et les brasseries produisent davantage; l'instituteur a plus d'élèves, et le banquier plus de clients. Partout l'observateur constate chez les paysans une tendance à se porter vers les villes, à entrer dans un cercle d'activité plus grande. Cette disposition les ramène bien au delà de la période tartare, à l'époque des meilleurs jours de Novogorod. Confiné dans son village, le paysan peut compter sur la morne existence qui est le partage de sa mule et de son bœuf; ses pensées se concentrent sur sa soupe aux choux, son potage de sarrasin, son pain noir et sa boisson favorite. S'il y acquiert quelques vertus, l'amour du foyer domestique, les goûts des contes et des chants, il apprend aussi à penser et à sentir comme un Bédouin dans sa tente. Mais il faut signaler en Russie une autre particularité. Deux nations vivant en présence l'une de l'autre, deux races se heurtant sans cesse: un peuple indigène et un peuple étranger, une caste inférieure et une caste supérieure s'observant d'un œil jaloux, tel est le spectacle que présente encore la Russie; non pas seulement dans quelques cités, dans quelques provinces, mais dans toutes les villes, dans tous les gouvernements, les maîtres ou patrons appartiennent à la race *étrangère*, les ouvriers et les domestiques à la race *indigène*. En général les cités appartiennent à l'Allemand; la campagne prise en bloc est la propriété du Russe. L'industrie, l'art, la science, le pouvoir ont toujours été remis par la loi aux mains des étrangers; les nationaux, lors même qu'ils n'étaient pas encore serfs, n'ont jamais occupé qu'un rang subalterne. C'est seulement de nos jours, depuis la guerre de Crimée, que l'État est venu en aide à la nature, afin de remettre les Russes en possession de la Russie. Un jour, l'empereur régnant, demandant à un homme qui lui avait rendu service comment il pourrait s'acquitter envers lui, reçut cette réponse: « Que Votre Majesté veuille bien faire de moi un Allemand, le reste viendra en son heure. » Les plus hauts dignitaires étaient en effet tous Allemands; si par hasard un Russe parvenait à de hauts emplois, c'était plutôt dans l'armée que dans les épineuses fonctions de la politique. L'Allemand est en général plus instruit et mieux élevé que le Russe; il possède des arts et des sciences auxquels on suppose que l'indigène doit rester étranger. Pierre le Grand crut même devoir rendre une ordonnance qui conférait à des mains allemandes le monopole de certaines industries. Ainsi un Russe ne pouvait être pharmacien, de crainte qu'il n'empoisonnât son client; ni ramoneur, afin que la ville ne courût pas le risque d'être incendiée. Ces édits ont été rapportés plus tard; plusieurs cependant restent en vigueur, maintenus par un pouvoir plus grand que celui de la loi, le préjugé public. Aucun Russe ne prendrait sa dose de sels purgatifs, sa pilule de camomille des mains d'un compatriote. Il n'a foi ni dans son habileté, ni dans sa vigilance. Un Russe peut être un bon médecin, car il a l'esprit vif et prompt, le cœur sympathique; pourtant ces qualités, jointes à un savoir réel, ne paraissent pas le rendre propre au délicat office de mélanger les substances médicinales. Il est brusque par tempérament; il n'a pas la patience de s'armer d'une loupe ou d'un pince-nez pour suivre les oscillations d'une balance de précision; quelques centigrammes de plus ou de moins dans une potion ne sont rien à ses yeux. A Moscou, ville qui se distingue par sa passion panslaviste, nous avons entendu plus d'une fois parler de patriotes que le désir de faire bénéficier un apothicaire indigène avait conduits prématurément à la tombe.

Après le Volga, c'est le Danube qui est le fleuve le plus important de l'Europe par son cours de 400 lieues, et surtout par les grands souvenirs qu'il évoque. Quand on arrive à Ulm par les hauteurs qui le dominent en longeant une citadelle formidable et les remparts d'un camp retranché où 80,000 hommes tiendraient à l'aise, on ne court pas à la vieille cité, qui garde encore ses maisons de bois et ses rues tortueuses, ni à son Munster, la plus vaste église de l'Allemagne après celle de Cologne, ni à ses fortifications, qui ont humilié l'orgueil de la France, mais au Danube qui le baigne, qui naît à deux pas de la France et finit en face de l'Asie, entre Odessa et Constantinople. Il traverse deux duchés : Bade et Hohenzollern; trois royaumes : Wurtemberg, Bavière et Servie; deux empires : Autriche et Turquie; deux principautés : Valachie et Moldavie. Le long de ses rives fécondes s'agitent des peuples nombreux, incertains de leurs destinées. Si vous aimez les lieux sur lesquels planent de grands souvenirs, allez de Munich à Ratisbonne. Sur cette route, à travers les grands champs de bataille de 1809, vous retrouvez d'abord la même plaine monotone et triste. Jusqu'à Landshut, vous descendrez le long des bords marécageux de l'Isar : partout de l'eau et de la tourbe, comme il y en a d'Ulm à Munich. Landshut est à la droite du fleuve, coquettement assise sur le penchant d'un coteau et les pieds au bord de l'Isar, qui se divise en deux bras pour envelopper de ses courbes gracieuses la vallée des Bienheureux. Cette ville fut longtemps une position importante, le centre des routes de la basse Bavière et de la défense de l'Isar. A partir de cette ville, vous montez par le flanc des hauteurs d'Altdorf, au travers d'un pays ondulé. Au bout de cette montée, vous coupez un col à cent mètres au-dessus de la plaine de Munich, et vous débouchez sur un immense plateau qui finit par descendre en pente douce vers Ratisbonne et le Danube. Les villages y sont rares, les maisons bâties d'un peu de briques et de beaucoup de bois et de torchis. C'est un pays fourré, couvert de bois, sans espace pour le regard, sans horizon pour la pensée. En revanche, on y trouve en plein mois d'août de l'humidité, des brouillards et des marécages. Ajoutez que les vents chauds du midi ne lui arrivent qu'après s'être refroidis en passant par les glaciers des Alpes, et vous ne vous étonnerez pas qu'un séjour à Munich soit pour les poitrines faibles une sentence de mort. Sur ce plateau, en 1809, 400,000 hommes se sont heurtés, et la France y a laissé d'immortels souvenirs. Les derniers actes de ce drame mémorable s'étaient passés sur la route de Landshut à Ratisbonne. On y foule le sol consacré par le sang de nos pères. Mais on voit dans le lointain se dresser du fond des vallées les pâles fantômes de 10.000 jeunes hommes qui avaient trouvé là leur couche funèbre, et l'on se dit que la gloire coûte trop cher.

Il y a des villes nécessaires, comme Londres, Paris et Rome, comme Lisbonne, Amsterdam et New-York. C'est la géographie ou l'histoire qui les ont faites. Mais d'autres sont des créations artificielles. Ainsi rien n'appelait une grande ville comme Munich à la place où elle s'est élevée, au milieu d'une maigre plaine qui ne suffit pas à la nourrir, au bord d'une rivière torrentueuse où l'on ne peut faire flotter un bateau. Mais dans l'organisme social comme dans le corps humain, le sang afflue au point où on le provoque à venir. Ses ducs en ont fait une capitale, et son roi Louis en a voulu faire une Athènes allemande. Mais aujourd'hui on oublie l'ogive et l'arc en plein cintre pour rayer des canons et carabiner des fusils.

Descendons le Danube de Ratisbonne à Vienne, et cherchons les origines de cette dernière ville, qui n'est pas une création artificielle comme Munich. Au nord de Vienne, en arrière des monts du Wienerwald, les premiers margraves d'Autriche établirent une forteresse et en firent le centre de leurs opérations contre les Hongrois. Au XIIe siècle ils avancèrent un peu au sud, et Albert le Victorieux fit bâtir le château de Kahlenberg, qui commandait le passage du Danube et les défilés du Wienerwald; c'était bon pour la guerre. Mais au pied de la montagne s'étend une plaine fertile, où *Vindobona* (Vienne) s'était formée dans un intérêt agricole. Quand les margraves, qui du haut du Kahlenberg pouvaient presque toucher Vienne et la couvrir de leur épée, eurent donné la paix au pays jusqu'à la Leitha; que les Hongrois, conquis au christianisme par leur reine Gisèle, cessèrent de considérer la Marche orientale comme leur terrain de chasse et de pillage; lorsque enfin les *croisades* firent pencher l'Europe vers l'Orient, eux aussi avancèrent encore d'un pas et descendirent de leur montagne dans la ville si bien placée au pied de leur château fort. La population s'accroissant en proportion de la richesse du sol et de la sécurité dont on jouissait, Vienne devint une cité prospère, où il faisait meilleur à vivre que sur les âpres sommets du Kahlenberg, qui sont sans cesse balayés par des vents d'une extrême violence.

Vienne est double. La population, étouffée dans le corset de pierre de ses fortifications, a sauté depuis longtemps par-dessus et formé autour des glacis trente-cinq faubourgs. Contrairement à ce qui a lieu dans les autres capitales, la vieille ville est restée la résidence de l'aristocratie; mais, l'espace manquant, les maisons ont gagné en hauteur, et elles ont l'aspect monumental. Seulement il faut noter que les rues n'ont pas de trottoirs et que les voitures y sont nombreuses et rapides. Mais quelle affluence! quel mouvement! quel luxe! Les magasins resplendissent; les uniformes brillent; la soie, les diamants ruissellent. Que de maisons blasonnées et que de suisses galonnés!

En descendant le Danube, du côté de Pesth, au delà de Comorn, la rive droite du Danube laisse apercevoir une succession de collines recouvertes de vignobles qui produisent les meilleurs vins de la Hongrie, sans en excepter même le fameux *tokay*. La Hongrie est, après la France, le premier pays de l'Europe pour la qualité et l'abondance des vins. Bientôt l'on découvre du même côté la ville de Gran, siège de l'évêché primatial de l'empire. A partir de Gran, le pays prend une physionomie sévère. Des collines s'élèvent des deux côtés du fleuve et se rapprochent pour l'enfermer dans un défilé. Bientôt le Danube coule dans un vaste lit coupé de grandes îles et de canaux, et déjà il est assez profond pour porter des navires de quarante canons. Ici la plaine recommence unie et monotone; mais, aux approches de Pesth, le paysage s'anime un peu. Les villages plus rapprochés, les champs mieux cultivés, un certain mouvement dans la campagne, annoncent le voisinage de la capitale. Vous côtoyez de petites îles de verdure, et un magnifique spectacle se déploie à vos regards : devant vous, le fleuve sillonné de barques et de bateaux à vapeur au panache flottant; a droite, *Bude,* l'ancienne ville turque, assise sur la montagne; à gauche, un large quai bordé de maisons blanches à hautes arcades, à pilastres et à colonnes qui supportent des toits en terrasse et forment une perspective sévère, interrompue seulement par les campaniles de deux ou trois églises qui se profilent hardiment en pleine lumière sur un ciel bleu, digne de l'Italie. Nous sommes à Pesth. Le pont près duquel vous débarquez est véritablement monumental, et vous verrez rarement une scène plus animée. D'immenses barques en mouvement, des bateaux à vapeur qui arrivent, des voitures qui amènent des voyageurs, des garçons d'hôtel qui crient en toutes langues, des portefaix, des paysans avec leur attirail de jour de marché, une foule de promeneurs et de curieux. Les maisons qui bordent le quai sont d'une architecture élégante, et l'on y parle le français, l'allemand, l'anglais, l'italien et le hongrois.

CHAPITRE VIII

Fleuves de France et leurs affluents. — Vallées remarquables et mœurs singulières de certains habitants.

La France, la Gaule de nos ancêtres, est un vaste et beau pays enfermé par la nature entre la Méditerranée et les Pyrénées au sud, l'océan Atlantique à l'ouest, la Manche au nord, et à l'est le Rhin et les Alpes. Couverte de montagnes que couronnent de belles forêts, la France est arrosée par de magnifiques fleuves et un grand nombre de rivières, dont nous allons parcourir les vallées pittoresques et fécondes en commençant par celles des Pyrénées, du Béarn et de la Gascogne, pays de grands souvenirs et de gaieté française, et où l'on trouve les sites les plus riants et les plus sauvages, une nature majestueuse qu'encadre avec orgueil le grand panorama des Pyrénées.

Et d'abord voici le petit Paris de la Navarre française sur la rive droite du gave, affluent de l'Adour: c'est Pau, la rivale de Nice pour la beauté du climat. Le Louvre et les Tuileries de cette résidence, jadis royale, se retrouvent dans son vieux château, dont chaque étage nous retrace les souvenirs du bon Henri. Mais laissons ces appartements, vides de tant de gloire, et sortons par la terrasse du bord de l'eau. Une vue magnifique se déroule à nos pieds; tout près c'est le Gave et la place du château, une des plus belles promenades de l'Europe; au delà, c'est une vallée délicieuse, dont les coteaux, chargés de pampres, produisent le vin si parfumé de Jurançon; enfin les Pyrénées surgissent du sein des mers, s'élèvent par degrés, et forment au loin un rempart circulaire autour du pic du Midi de Béarn, qui est la première curiosité naturelle du pays. On respire les parfums de leur base; on voit leur ceinture de pins noirs et leurs têtes couronnées de neige monter dans l'azur du ciel d'Espagne. Devant vous, la vallée de Laruns vous conduit aux Eaux-Bonnes, où vous retrouverez les sites pittoresques de Barèges et de Cauterets. Mais revenons à l'Adour. Il y a 400 ans, un orage épouvantable avait privé Bayonne de son port, et ce petit fleuve avait reporté son embouchure à trois lieues au nord. Louis de Foix, architecte du phare de Cordouan, rendit à la rivière son ancien cours et à Bayonne son débouché maritime. Ici un autre spectacle s'impose à votre admiration. Nulle part le golfe de Gascogne n'est plus fécond en vagues furieuses. La marée même y monte très haut; et quand elle est aidée des vents du nord et de l'ouest, elle se brise avec un fracas épouvantable, lançant ses vagues à la hauteur d'une montagne. A tout instant l'on se croirait près d'un champ de bataille et au milieu des horreurs de la canonnade, tant l'onde écumante, frappant trop tôt le rocher ou se perdant au sein de profondes cavernes, redouble ses explosions et déchire ses rivages. C'est sans doute ce spectacle qui a rendu les Basques si courageux; car ils sont les premiers pêcheurs qui aient affronté la baleine au sein de l'Océan.

Si maintenant, remontant le cours de l'Adour, vous rentrez en pleine Gascogne, d'autres surprises vous attendent. Et d'abord ne souriez pas aux histoires incroyables, à tous ces contes qui semblent l'apanage de tout Gascon. Souvenez-vous, au contraire, qu'un pays qui a produit les terribles Armagnacs, le redouté Montluc, le vaillant Lannes, les généraux la Hire et Xaintrailles, est un pays essentiellement brave et sérieux. En vous dirigeant de Bayonne à Mont-de-Marsan, vous allez d'abord traverser cent kilomètres de landes qui reproduisent pour l'œil le spectacle d'un océan lointain et calme; et vous laissez à droite les riches et fertiles plaines du Gers et leurs coteaux couronnés de vignobles, qui nous donnent l'eau-de-vie d'Armagnac. La petite ville de Tarbes vous réjouit d'abord par ses eaux vives et courantes, ses maisons en marbre et en briques, possédant chacune un jardin parfumé; mais, comme elle n'offre rien d'intéressant, vous vous hâtez de gagner les vallées d'Argelès et de Bagnères.

Veuillez gravir le mont Bolandreau, qui domine Argelès, et vous aurez devant vous un magnifique tableau : au centre et sur les coteaux, la vie, la végétation luxuriante, les forêts de châtaigniers, les avenues de noyers, les groupes de maisons liserées de marbre et noyées dans la verdure; mais la colline devient-elle montagne, ce n'est plus alors qu'une crête hérissée de sommets déchirés, sentinelles avancées de l'armée bleuâtre et neigeuse des grandes Pyrénées. Devant vous trois autres vallées célèbres vous ouvrent un nouvel horizon. A droite le gave de Cauterets avec sa vallée des eaux minérales, qui se divise en trois charmants vallons. Chaque val a son torrent, d'autant plus furieux que nous approchons des montagnes. Figurez-vous des gorges étroites et profondes, dominées par des rochers croulants, et au delà, à deux lieues à peine, une langue de pics hauts de deux à trois mille mètres, qui pendant une partie de l'année menacent leurs alentours de formidables avalanches : tel est Cauterets. On n'y vient pas chercher de belles rues, un beau pavé, l'air à plein poumons et la lumière abondante : les maisons, très hautes, obstruent littéralement l'étroite rive que le torrent ne cesse de battre de son écume blanchissante. En remontant, le gave secondaire de Luz nous conduit au délicieux vallon de Saint-Sauveur. Une longue avenue d'arbres traverse de vastes prairies et finit à un beau pont en pierre. Au delà se présente une superbe chaussée, taillée dans le roc et garnie de parapets, au-dessus desquels l'œil contemple sans effroi des précipices retentissants. Cette route s'appuie souvent sur des voûtes hardies, tandis que des ombrages touffus procurent aux voyageurs le sombre et le frais. Ainsi accompagné de verdure et réjoui de cascades bruyantes, vous avez gravi la colline, et le bourg de Saint-Sauveur vous offre son unique rue, dont un côté s'adosse contre les rochers, tandis que l'autre est suspendu sur des précipices effrayants. Poursuivez en remontant le long du gave. Bientôt la gorge, encaissée de deux à trois cents mètres, n'offre plus que deux remparts dont les blocs, ébranlés à chaque ouragan, menacent de se détacher, et trop souvent se détachent, en effet, sur la tête des passants. Glacé du froid qu'on éprouve, même en été, sous ces rochers humides, on arrive enfin au haut de la montagne, et la végétation reparaît. De magnifiques chaussées et douze ponts de marbre permettent aux voitures de remonter cette vallée et de descendre au fond d'un ravin de plus de 130 mètres de profondeur ; ravin triste, sauvage, insalubre, mais qui cache, sous des vapeurs souvent épaisses une source bien efficace pour guérir les maladies de la peau : c'est Barèges, réduit des ours aussitôt après le départ des hommes, désert dangereux d'où l'on emporte même pièce à pièce les habitations au retour des frimas, sous peine de ne pas les retrouver sous les avalanches de neige. Mais pour changer le décor allons à Bagnères-de-Bigorre, en repassant par Tarbes ; nous y retrouverons un petit Paris. Des hôtels coquets, des rues arrosées par un filet d'eau pure et potable, fournie par l'Adour ; le marbre qui orne les façades des maisons bourgeoises; des avenues de peupliers; de riants bosquets aux flancs de ravissantes collines, à côté de la vallée de Campan, où le marbre ouvre à chaque pas ces carrières fameuses qui ont décoré le Louvre et Versailles: voilà ce qui a fait de Bagnères la métropole des bains de tout le midi de la France.

Si des sources de l'Adour nous passons un peu plus à l'est, aux sources de la Garonne, nous voilà au comté de Foix, arrosé par l'Ariège, son premier affluent de la rive droite. A la jonction de l'Ariège et de la rivière Large, la ville de Foix, triste et mal percée, est dominée par son vieux château aux trois tours et par deux falaises plus élevées que le château, qui encaissent une étroite vallée et rendent le site extrêmement pittoresque. Le voyageur n'a, pour ainsi dire, qu'à se retourner pour passer des sources intermittentes aux grottes naturelles, des monts gigantesques aux riantes prairies, du calme de la vallée aux fureurs des tempêtes. Les mœurs des habitants n'excitent pas moins l'intérêt. On aime à y retrouver de nombreuses traces de cette aimable simplicité des vieux montagnards pyrénéens. Les habitants du val d'Andorre trouvent dans les pâturages de leur sol rocailleux et dans leurs noires forêts de sapins toutes les choses nécessaires à la vie. C'est le pays de l'Europe qui possède au plus haut degré le sentiment de famille. Nulle part on ne trouve des mœurs plus sévères et plus pures : les vices et la corruption des villes n'ont point flétri les heureux habitants de ces vallées. Attachée à la France par sympathie, à l'Espagne par la religion et les rapports du commerce, la petite république d'Andorre a toujours su rester étrangère aux luttes de ces deux peuples. On retrouve toutes ces qualités du montagnard dans tous les environs, même chez les fameux contrebandiers de l'Ariège.

Mais le vrai cours de la Garonne commence dans le Roussillon, au pied des Pyrénées orientales, où nous retrouvons des forêts grandioses, des monts sublimes et à leur pied des plaines fertiles, où croissent à l'envi l'olivier, l'oranger, la vigne et toute espèce d'arbres fruitiers. Perpignan est là, sur les frontières de l'Espagne, pour défendre l'envahissement de l'ennemi; et plus loin, sur le côté oriental, la mer, vers laquelle les Pyrénées s'abaissent insensiblement.

A quelques pas du confluent de l'Ariège, la Garonne et les deux grands canaux du Midi et de Brienne, d'accord avec le chemin de fer, apportent à Toulouse leur tribut de marchandises et de voyageurs. On admire tout d'abord sur le fleuve un pont de pierre;

mais bientôt l'attention est attirée par les jardins, les promenades, et les magnifiques habitations qui séparent le faubourg de la ville même. Ici le pont jeté sur les deux canaux au point même où ils se réunissent, la magnifique allée qui les borde, la double et superbe écluse par laquelle leurs eaux s'épanchent, portent l'admiration à son comble. La ville se présente agréablement du côté de la Garonne par les beaux quais qui bordent le fleuve; mais l'intérieur ne répond pas à sa belle position. Le Capitole, avec sa façade de 120 mètres et sa belle place, sont seuls d'un aspect imposant.

Mais laissons là la capitale du Midi et prenons plus bas le confluent du Tarn, qui arrose un pays de bons vignobles, de plaines fertiles et de montagnes bien boisées, où se nourrit un peuple guerrier, célèbre dans l'histoire. C'est Alby, une des plus anciennes villes de France, qui n'offre rien de remarquable, si ce n'est sa cathédrale, construite en briques, et dont la hauteur du clocher atteint 94 mètres. C'est Castres, première ville du Tarn, et non loin de laquelle on voit un de ces rochers connus en Bretagne sous le nom de *pierres branlantes*. Il présente une masse de 13 mètres cubes et n'a d'autre point d'appui qu'une ligne droite qui va du levant au couchant. Il remue visiblement lorsqu'on le pousse du midi au nord, et quelques secousses suivies suffisent pour lui imprimer un balancement régulier, qu'on peut faire durer aussi longtemps qu'on le désire. Après avoir jeté un coup d'œil, au midi, vers les Cévennes, où le Tarn prend sa source, nous regagnons Montauban, qui n'a rien de remarquable, si ce n'est pourtant l'appareil en briques de la plupart de ses constructions; et nous avons hâte d'arriver à Agen.

A l'ombre d'une colline haute de 130 mètres, qui la domine presque perpendiculairement, Agen déploie ses rues sinueuses, mal pavées et maussades; réduite à pleurer ses monuments romains à jamais disparus, et dévastée plusieurs fois par les barbares, par les Anglais et les huguenots, elle n'a pu sauver de la destruction qu'un petit nombre d'édifices. La Garonne, qui fait un large pli devant la ville, a donné lieu de construire un beau et solide pont de onze arches. On le visite d'autant plus volontiers qu'on traverse, pour s'y rendre, la promenade du Gravier, une des plus belles de France, une des plus riches en arbres séculaires, en fraîches allées que fréquente un nombreux public. Du haut de la colline qui domine Agen, on découvre sous ses pieds la ville entière, le cours superbe de la Garonne, de vastes prairies, les plus riants paysages, et dans le lointain la chaîne orientale des Pyrénées.

Le Lot, troisième affluent de la rive droite de la Garonne et qui reçoit lui-même la rivière de l'Aveyron, enclôt Cahors dans une longue et étroite péninsule; et derrière ce cours d'eau, des montagnes dessinent un demi-cirque de vaste dimension. Une telle situation présente d'abord un agréable coup d'œil, bientôt démenti par l'intérieur tortueux et montueux de la vieille cité, où l'on peut voir encore quelques vestiges de l'époque romaine : un portique, les débris d'un théâtre fort vaste, les décombres d'un aqueduc et quelques mosaïques. De son côté, Rodez vous apparaît sur sa plate-forme de rochers, dominés par la tour imposante de sa cathédrale. La ville serait de difficile accès, et les magnifiques terrasses qui ont remplacé d'inutiles remparts seraient presque inbordables, si les belles promenades ne venaient, en pente douce, et par une triple rangée de tilleuls, s'abaisser et descendre jusqu'aux rives de l'Aveyron. Plus loin, vous trouverez des *montagnes brûlantes*, mais sans éruption. Pendant le jour, le feu n'est pas visible; mais dans l'obscurité de la nuit le gouffre paraît être en flammes : spectacle effrayant pour ceux qui ne sont pas familiarisés avec ce singulier phénomène. Et cependant, à quelque distance du foyer, il y a un hameau, dont les habitants cultivent cette terre calcinée. Une autre merveille nous attend sur la limite des départements du Lot et de l'Aveyron. C'est le *gouffre de Lentoni*, qui s'ouvre sur un rayon de six mètres. Il est si profond, que les torrents y entraînent chaque année, depuis l'époque diluvienne, des rochers entiers et des masses de cailloux roulants, sans pouvoir le combler, sans même en laisser deviner le fond.

Enfin nous voici au dernier affluent de droite de la Garonne, la Dordogne, qui coule dans une vallée de beaux vignobles et reçoit sur la gauche l'Isle, la rivière du Périgord. Mais avant d'arriver au Bec d'Ambèze, où commence la Gironde, arrêtons-nous à Bordeaux. C'est sur la rive gauche de la Garonne, à 80 kilomètres de l'Océan et à 8 kilomètres de dunes mouvantes, que s'établit la future capitale de l'Aquitaine. Le fleuve y décrit un arc immense en face de la ville, et peut contenir douze cents navires de cinq à six cents tonneaux : c'est le port de Bordeaux, entouré de chantiers très vastes et de quais très longs, qui déroulent, sur 4 kilomètres, leur ruban de pierre.

C'est à M. de Tourny, intendant de la généralité de Guyenne, que Bordeaux doit sa moderne et splendide couronne de places, de maisons, de boulevards, de quais et d'édifices de bon goût. La Bourse avec la Douane embellissent une des plus belles places de la ville, la place de la Bourse. Cette promenade, qui a la forme d'un hémicycle, a pour base le sommet du grand arc de cercle que trace la Garonne. La Bourse en forme l'aile gauche, dressant sur sa façade un double rang d'arcades circulaires, dont chacune semble un arc de triomphe. La Douane, à l'aile droite, présente exactement le même extérieur grandiose, et l'intérieur en est parfaitement approprié à sa destination. La place Tourny est remarquable par l'élégante régularité de ses constructions, et on y admire la colonnade du théâtre, monument estimé des connaisseurs. La plus belle rue est celle du Chapeau-Rouge, puis celle de l'Intendance. On remarque aussi le cours Alsace et Lorraine, voie large et récemment ouverte, qui a supprimé un des quartiers les plus malsains, et donné à la ville une aération qu'elle réclamait depuis longtemps. Mais le pont de Bordeaux, aux dix-sept arches, jeté sur une largeur de 500 mètres, possède le privilège de captiver tous les regards. C'est vraiment une des merveilles du genre, et, sans contredit, le plus remarquable de toute la France.

Entre l'embouchure de la Gironde et celle de la Loire, de charmantes rivières arrosent la Saintonge et le Poitou. Des hauteurs d'Angoulême, qu'animent ses papeteries connues du monde entier, vous contemplez à l'aise les paysages riants des bords fleuris de la Charente, et vous vous souviendrez que de ces coteaux chargés de vignobles nous vient le *cognac* si renommé. Les Deux-Sèvres et la Vendée envoient directement leurs eaux à l'Océan, comme la Charente, après avoir parcouru le haut et le bas Poitou. Si ce pays n'offre pas de grandes curiosités, il est du moins fertile en souvenirs historiques. Les Vendéens aiment la pauvreté de leur pays, et sont toujours disposés à offrir l'hospitalité à tout étranger qui passe dans leurs humbles villages; mais si l'on vient troubler leur indépendance ou profaner leurs autels, c'est alors qu'on voit sortir de ces villages inconnus un peuple géant, qui n'a besoin que de fourches et de faux pour attaquer le canon et dérouter la tactique des plus grands généraux. En 1793, dès qu'un point était menacé, le tocsin, dans toutes les paroisses, annonçait la réunion : le paysan quittait sa charrue, prenait ses armes, se munissait de pain pour quelques jours, et s'empressait d'accourir. Dans le commencement de la guerre, quand il s'agissait d'enlever une batterie, un chef désignait un certain nombre d'hommes déterminés; ceux-ci partaient en désordre, armés seulement de bâtons ferrés, et marchaient droit aux canons. Au moment où ils voyaient mettre le feu, ils se jetaient par terre, pour se relever et marcher en avant après la décharge. C'est surtout dans le

Bocage, au nord de la Roche-sur-Yon, pays entièrement boisé, que se trouvaient ces paysans, célèbres par leur audace et leur valeur. Les villages, ou plutôt les hameaux, clairsemés entre les forêts, se dessinent à peine au-dessus des haies et des arbres qui couvrent des chemins creux et profonds. Il faut aussi signaler les *marais* de Luçon, où Richelieu fut évêque, et qui couvrent une grande partie de ce département. Rien n'est plus maussade, ce semble, que de séjourner parmi ce millier de digues énormes, de levées sans nombre, de fossés perpétuels qui sillonnent ces tristes lagunes; et cependant, là aussi Dieu a placé, comme un charme, l'amour de la patrie, et ce sentiment n'est nulle part ailleurs plus vif ni plus tendre que chez le Maraichain. Ses vaches lui fournissent du beurre et du laitage; ses filets lui procurent en quelques heures plus de poissons qu'il n'en peut manger dans une semaine. Pendant la belle saison, une multitude de canards couvrent les fossés et les canaux voisins; ils s'y nourrissent facilement, et le propriétaire n'a d'autre soin que de les faire éclore. Ses champs lui donnent aussi d'abondantes récoltes. Point de procès, point d'ambition, point d'attache trop vive aux biens de la terre : c'est le *fortunatos nimium* de Virgile. Son seul désir, c'est de rendre heureux tous ceux qui l'entourent. Sa paroisse et les villages voisins, voilà tout ce qu'il connaît de la France. Content de son état, il ne cherche point à en sortir. Il n'a nul besoin de la protection des autorités, nulle envie d'obtenir la bienveillance du riche, et il est roi dans sa cabane. Que la France n'a-t-elle beaucoup plus de Maraichains!

Des marais de Luçon, nous passons à l'embouchure de la Loire, le plus beau fleuve de France, qui féconde le centre de notre pays, des Cévennes à l'Océan. Il traverse directement ou par ses affluents la Bretagne, l'Anjou, la Touraine, l'Orléanais, le Berry, le Bourbonnais, la Marche, le Limousin, l'Auvergne et le Languedoc.

Entrons par Nantes, que nous trouvons assise sur les bords de ce beau fleuve, du côté de la mer. Cette ville emprunte à sa situation riante un charme du plus haut intérêt. Ajoutez à cette circonstance qu'elle est bien bâtie et remarquable par la régularité de ses places publiques. L'île Feydau, le quartier Graslin, la place Nationale, sont ornés de tant de magnificences, qu'ils peuvent soutenir la comparaison avec les plus beaux quartiers de la capitale. Le coup d'œil frappant de la Loire, couverte de navires et de bateaux de toute espèce; les îles et les prairies qui s'étendent le long du fleuve; les ponts au bout desquels on aperçoit, pour ainsi dire, une seconde ville; le port de la Fosse, qui s'étend sur une longueur de 2 kilomètres, et dont les quais ombragés offrent une promenade animée par le mouvement des navires : tout cela provoque l'admiration, et est digne de la quatrième ville de France.

En remontant la Loire jusqu'en face d'Angers, nous atteignons la rivière la Maine, qui reçoit elle-même la Sarthe et la Mayenne, charmants cours d'eau qui nous viennent des monts de la Normandie. Le Mans se présente dans un site agréable et dans une corbeille d'arbres verts, sur une colline où la Sarthe reçoit une autre rivière, en vue de mélancoliques castels et de riantes villas; tandis que c'est dans une riche vallée, au bas et sur le penchant d'un coteau verdoyant, que nous trouvons Laval. Au pied de l'amphithéâtre dont la ville occupe le centre, on voit la Mayenne promener ses eaux entre deux haies de maisons irrégulièrement bâties, les unes en saillie, les autres en retraite. Des terrasses, des jardins, quelques bouquets d'arbres et plusieurs tapis de verdure rompent heureusement toute la monotonie de ces tristes habitations. En descendant la Mayenne, un peu au-dessous de son confluent avec la Sarthe, vous trouverez Angers, bâtie en amphithéâtre, sur le penchant d'un coteau. Elle s'avance jusqu'au bord de la rivière, qui a dans cet endroit la largeur d'un grand fleuve, et forme un port très commode et très fréquenté. La plupart des rues, dans le cœur de la ville, sombres et escarpées, sont bordées de vieilles maisons, construites, les unes en pans de bois plaqués d'ardoise sur les façades, les autres en pierre d'ardoise, ce qui leur donne un aspect triste. On y trouve cependant quelques beaux quartiers, notamment celui du chemin de fer, puis celui qui avoisine la préfecture, et le quai construit sur la rive gauche de la rivière. Les boulevards, aérés et bien plantés, forment autour de la ville une promenade circulaire de la plus grande beauté.

Sur la rive gauche de la Loire, dans une plaine charmante, qui s'étend entre le fleuve et le Cher, la ville de Tours vous offre un spectacle unique : un pont regardé comme un des plus hardis et des plus longs de l'Europe; un fleuve majestueux; au delà, une rue large, spacieuse, formée de maisons régulières et de belle architecture; une place symétrique dont les angles sont occupés, l'un par l'hôtel de ville, l'autre par le musée départemental. En avant, du côté de Chartres, l'île charmante placée au milieu du fleuve, de beaux coteaux, de riches vignobles, toutes les séductions de la nature se réunissent pour faire de la ville et des environs le vrai jardin de la France, un lieu choisi, un séjour de paix et de jouissance, qui attire une foule de voyageurs de toutes les nations.

Après la Touraine, l'Orléanais, arrosé non seulement par la Loire, mais aussi par le Loiret, le Loir, l'Eure et le Cher, nous offre le contraste complet de l'ingrate Sologne, au sud, et de la fertile Beauce, au nord. Celle-ci, placée aux portes de Paris, est regardée comme le grenier de la capitale. Son froment, d'une rare beauté, produit les farines les plus recherchées de France, et toutes les céréales y donnent des récoltes extraordinaires. Le sol de la Sologne est précisément l'inverse de celui de la Beauce. Dans cette dernière contrée, l'argile féconde la surface du terrain et se trouve superposée à un sable fin et caillouteux; en Sologne, au contraire, le sable a pris le dessus et forme une couche siliceuse peu épaisse, mêlée de graviers et de cailloux, reposant sur une couche d'argile tout à fait imperméable. Ainsi, pendant tout l'hiver, la terre est comme noyée, et pendant le reste de l'année elle se dessèche, devient aride et complètement stérile. C'est encore à l'imperméabilité de l'argile qu'il faut attribuer la quantité incroyable d'étangs qui se trouvent sur ce malheureux territoire. Nous ne dirons rien d'Orléans, qui a vu sous ses murs Jules César, le fameux Attila et la vierge héroïque de Vaucouleurs; ni de Chartres, la cité des vieux Carnutes, célèbre par sa cathédrale; mais nous vous montrerons Blois, en amphithéâtre, sur une colline escarpée. En bas, l'hôtel de ville, le collège, les quais et leurs blanches maisons, sur lesquelles se détachent les hautes nefs de l'église Saint-Laurent, noircies par le temps et par la flamme des huguenots; au-dessus, le château, si célèbre dans l'histoire. Plus haut, le donjon des anciens seigneurs, la cathédrale, l'évêché et ses jardins suspendus. Elle est traversée dans sa longueur par trois grandes voies de communication, placées aussi par étages : la Loire, les levées et le chemin de fer. Ce magnifique aspect extérieur perd de son prestige quand on pénètre dans les rues étroites et tortueuses de la vieille cité, et quand on se voit obligé de gravir les rampes rapides et même les escaliers, qui relient les quartiers hauts aux quartiers bas. Mais, arrivé sur les hauteurs de Blois, vous contemplerez avec plaisir d'immenses prairies couronnées de vignobles et de forêts, et de grands villages embellis par des châteaux magnifiques.

Si nous passons au Berry, nous trouvons au sud-ouest de Bourges plus de quatre cents étangs et des marais très vastes, qui nous rappellent les tristes plaines de la Sologne. Mais du haut du plateau où la cathédrale de Bourges montre avec orgueil ses richesses sculpturales, les plaines du Berry déroulent sur un rayon de dix lieues leur riche tapis de verdure et de fleurs. Du haut de Châteauroux, on jouit aussi d'une vue délicieuse sur la rivière de l'Indre, qui arrose une riche et fertile plaine, et sur les belles forêts de Saint-Maur.

Nous quittons pour un moment le cours de la Loire pour remonter son affluent, le torrentueux Allier, qui arrose le Bourbonnais, la Marche, l'Auvergne, et va prendre sa source dans le Languedoc, au pied des monts Cévennes. La ville de Moulins s'annonce d'abord par un pont magnifique sur l'Allier. Une épaisse et solide maçonnerie, couchée sur des sables mobiles, soutient ce pont aux treize arches ovales, de vingt mètres d'ouverture chacune. La tour du château, ancien palais des Bourbons, domine cette ville de briques, qu'entourent des coteaux d'un aspect riant et pittoresque. Ce château gothique, entouré de trois côtés par des précipices, flanqué de vingt-quatre tours, n'a plus laissé que des ruines informes.

Plus haut la Creuse nous envoie par colonies ses maçons, ses paveurs, ou ses scieurs de long, aussi laborieux que modestes et honnêtes : c'est un pays de rudes montagnes et de gorges profondes, qui nous fournit aussi les tapis de Guéret et d'Aubusson, riches de dessin, solides de tissu et supérieurs à ceux d'Angleterre. Ils ne sont surpassés que par la manufacture de Beauvais et par celle des Gobelins, à Paris.

Avant de passer aux sources de la Loire, jetons un dernier coup d'œil sur ses affluents de gauche, le Cher et la Vienne, dont l'un prend sa source au Puy-de-Dôme et l'autre aux montagnes du Limousin. Nous entrons ici dans un pays montagneux, aux terres maigres et légères, qui ne produisent pas de grains en quantité suffisante; mais en revanche le Limousin possède de nombreux et excellents pâturages, qui nourrissent beaucoup de bestiaux, et surtout des chevaux estimés pour la selle; enfin des forêts de châtaigniers donnent des récoltes abondantes pour subvenir au manque de grains. Le Limousin cache, sous une enveloppe un peu grossière, des vertus qui valent mieux que de brillants dehors. Ses goûts modestes le mettent à l'abri de l'ambition. En raison de l'insuffisance des récoltes, chaque année des milliers d'habitants vont exercer au dehors des professions manuelles. Pour ceux qui restent au pays, ils se contentent d'une nourriture que nous trouverions chétive : les châtaignes, avec le blé noir et les raves de la grosse espèce, sont la base de la nourriture des paysans. C'est là qu'est né saint Éloi, ministre de Dagobert, ainsi que Jourdan, Gay-Lussac et les papes Clément VI et Grégoire XI. Comme son pays, Limoges offre une particularité frappante; c'est que la plupart de ses constructions anciennes ne sont bâties en pierre qu'à la hauteur du rez-de-chaussée. Les autres étages ne sont qu'un torchis fait de bois, de paille et de boue, plus ou moins bien dissimulé. Plus loin Tulle, ville toute pacifique, s'est toujours bien cachée dans une gorge étroite, entre d'agréables vallons, sur les bords de la Corrèze, rivière à peine flottable à cause de ses eaux rapides. Les habitations s'adossent à une colline, descendent à un quai bien construit, et reparaissent au delà de la rivière, qui partage la ville en serpentant.

Comme le Limousin, l'Auvergne a aussi sa couleur locale. Ce terrible pays des *Arverni*, d'où sortit Vercingétorix, offre partout des volcans éteints, dont les éruptions ont cessé à des époques inconnues. Ses vallées, autrefois inondées de laves brûlantes, sont célèbres par leur fertilité; elles déroulent aujourd'hui leurs luxuriants tapis de verdure, qui cachent sous les fleurs et les herbes de la prairie les pierres précieuses vomies autrefois par ses volcans, couverts de neige les trois quarts de l'année. Des eaux limpides surgissent de ces montagnes, et se perdent en cascades ou se réunissent en ruisseaux pour donner plus de vigueur aux pâturages. Ce pays enfin offre au voyageur curieux les sites pittoresques de la Suisse et du Tyrol, les cratères horribles de l'Etna, et les pâturages normands unis à la floraison italienne. Une demi-circonférence de pyramides, vaste et d'une admirable couleur, s'ouvre dans les monts d'Auvergne. Clermont s'échelonne contre les flancs arrondis d'un cône légèrement soulevé dans cette demi-coupe; la cathédrale en occupe le sommet. Toutes ses maisons, ses rues et ses places convergent vers l'édifice sacré; et le grand Puy-de-Dôme, au nord duquel le Cher prend sa source, projette sur la ville son ombre immense. De son côté, Aurillac, bâtie sur des laves pétrifiées, domine la rive droite de la vallée pittoresque arrosée par la Jordane. Les routes de Rodez, de Clermont, de Saint-Flour et de Tulle, forment aux abords de la ville autant de belles avenues, dont l'agrément est augmenté par les campagnes environnantes.

Reprenons maintenant le cours de la Loire en passant par le Beaujolais et le Forez (Lyonnais), jadis habités par les Ségusiens. On y rencontre de nombreuses antiquités romaines, souvenirs d'une occupation qui ne dura pas moins de cinq siècles; mais ce qui frappe surtout, c'est l'immense activité industrielle qui déborde de tous côtés. Nommer Saint-Étienne, Roanne, Andrézieux, n'est-ce pas rappeler ce que le génie moderne a produit de plus curieux dans la métallurgie, la fabrication des armes, les soieries et les rubans? Saint-Étienne, chef-lieu du département de la Loire, est une des premières villes du second ordre, grâce à la prodigieuse activité de ses habitants, à ses manufactures qui augmentent chaque jour, et enfin à ses mines de houille, qui furent la source primitive de sa prospérité, et qui en seront toujours le soutien.

En approchant de la Haute-Loire, le pays devient plus pittoresque. Plongé dans les frimas et les neiges pendant de longs et rudes hivers, le département de la Lozère n'offre pas une population bien nombreuse, parce que trop de régions y sont inhabitables. Cependant Mende est dans un vallon tout encaissé de jolies montagnes et arrosé de nombreux ruisseaux; ses blanches maisons se détachent sur un fond de prairies et sous un dôme de vergers. Le Puy, dans la Haute-Loire, est bâti en amphithéâtre sur le versant méridional du mont Anis, et son aspect est toujours pittoresque, soit qu'on y arrive par la route de Clermont, par celle de Lyon ou par celle de Saint-Flour. Mais ce qui ajoute à l'austère beauté de ce paysage, c'est le rocher Corneille, qui domine la ville d'une hauteur de 132 mètres, couronné lui-même par une statue colossale de Notre-Dame de France. Cette statue a 16 mètres de haut, et elle est faite du bronze des canons russes pris à Sébastopol.

Ne quittons pas le Languedoc sans visiter les deux petites rivières l'Aude et l'Hérault, qui se jettent directement dans la Méditerranée, entre les bouches du Rhône et l'extrémité orientale des Pyrénées. C'est une contrée privilégiée que les plaines de Carcassonne, de Narbonne, de Montpellier et de Béziers. Au centre d'un pays riche et fertile, arrosé par l'Aude et traversé par le canal du Midi, Carcassonne est une ville élégante et bien bâtie. Ses rues larges, bien alignées, d'une propreté extrême, et rafraîchies par des ruisseaux d'eau courante, se croisent à angle droit, et, de quelque point de la ville que l'on se tourne, on aperçoit toujours les boulevards extérieurs. La cité antique, bâtie sur une petite élévation, n'offre plus maintenant que ses vieilles tours, sa double muraille et son donjon du moyen âge. Narbonne est l'une des plus anciennes villes de la Gaule, et dès son origine elle était considérable à cause de sa position au bord de la mer. Les remparts qui la protègent aujourd'hui sont percés de quatre portes et furent élevés sous François Ier. L'entrée principale de la ville est d'une beauté qui fixe l'attention, et les rives du canal de la Robine offrent une charmante promenade. Montpellier, dans l'Hérault, s'élève en amphithéâtre, et c'est auprès de la place du Peyrou, remarquable par les bâtiments qui l'entourent, qu'elle atteint sa plus grande hauteur. De cet endroit, l'œil découvre facilement les Alpes, les Pyrénées, les Cévennes et la mer. Comme la ville manquait d'eau potable, vers le XIIIe siècle, on mit à contribution de la source Saint-Clément, petit bourg à 12 kilomètres de Montpellier. L'aqueduc construit à cette occasion est digne de remarque : il ne compte pas moins de 14 kilomètres de longueur; cinquante-trois arceaux de 8 mètres d'ouverture, ayant au-dessus cent quatre-vingt-trois arceaux plus petits, supportent cet aqueduc sur une longueur de 880 mètres. Béziers vous offrira un autre spectacle. On ne saurait trop admirer la beauté de sa position, la douceur de son climat, la fertilité des terres qui l'environnent. D'un côté, villages, métairies, maisons de campagne, jardins, vergers plantés d'oliviers et de mûriers; de l'autre, le canal du Midi avec ses neuf écluses superposées, d'où les eaux s'échappent en magnifiques cascades : tel est le tableau charmant que présente Béziers, où l'on ne trouve d'ailleurs ni de belles maisons, ni des rues bien élégantes.

De Béziers nous allons à Marseille pour remonter la vallée du Rhône, et descendre ensuite la Seine jusqu'à Rouen. Nous aurons ainsi parcouru les grands fleuves de France, et admiré bien des tableaux. Nous voici en Provence. Le ciel si clément de cette heureuse contrée appelle le pas des voyageurs qui aiment à trouver sur le sol de France le climat, la végétation, et jusqu'au langage de l'Italie. C'est la terre des troubadours, ces maîtres du gai savoir; c'est le sol privilégié des grenades, des oranges, des amandes, des citrons, des olives, des fruits succulents. Puis, ici des grottes, là des cascades, où la nature a dépensé tout son art; plus loin des vallées tour à tour séduisantes et semblables au jardin d'Éden. Ajoutez, d'une part, les Alpes, dont les sommets neigeux s'élèvent à 3,000 mètres au-dessus de la mer; de l'autre, la Méditerranée, ses îles charmantes et ses nombreux navires qui la sillonnent de toute part.

Deux grandes chaînes de montagnes s'entr'ouvrent, embrassent un vaste espace, et, se prolongeant dans la mer, viennent expirer très avant dans ses flots. Marseille est enfermée dans cette enceinte. Une masse immense de calcaire gris et azuré forme la première enceinte. Des bancs moins élevés, qui s'en détachent et se ramifient dans la plaine, composent un sol inégal et varié. Sur chaque hauteur s'élèvent des bouquets de pins d'Italie, qui forment d'élégants parasols d'un vert sombre et presque noir. Des oliviers à la verdure pâle, à la taille moyenne, descendent le long des coteaux, et contrastent, par leur petite masse arrondie, avec la stature élancée et le superbe dôme des pins. Marseille se courbe en forme d'un fer à cheval dont la mer remplirait le creux. La vaste cité et ses cinquante mille maisons se groupent, s'échelonnent en amphithéâtre, et les plus hautes dominent de 1,000 mètres la Méditerranée. La Cannebière, la plus grande et la plus vaste rue de la ville (si vous la trouvez courte et exiguë, le Marseillais vous répondra qu'elle se prolonge jusqu'aux Indes), bordée de maisons splendides et de magasins opulents, aboutit au port, dont elle est le grand débouché. A l'extérieur, l'île d'If et les îles Ratonneau et Pomègue, unies par une chaussée, forment, avec les montagnes qui bordent la côte, une enceinte à l'abri des vents et des tempêtes. C'était l'avant-port ou port de quarantaine, où cent cinquante navires pouvaient attendre l'heure réglementaire. Le port intérieur, le véritable port, est un des plus beaux de l'univers. L'accès n'en est pas facile, mais c'est ce qui en fait la sûreté. Là se réunissent les pavillons de toutes les nations maritimes et les habitants de toutes les parties du globe.

Dans le Var, la petite ville de Draguignan, choisie pour chef-lieu à cause de sa position au centre du département, s'efface devant la splendeur de ses campagnes. Figurez-vous une vallée très fertile, arrosée par une rivière admirable; et sur les coteaux, qui se superposent en étages, des cantons de vignes, des champs d'oliviers, et tout cela sous une température des plus douces.

Comme les Basses-Alpes se trouvent dans le bassin du Rhône, nous ne quitterons pas la Provence sans vous dire un mot des *montagnes pastorales* de l'arrondissement de Castellane. Les pâturages parfumés et verdoyants s'élèvent sur des monts qui atteignent 300 mètres de hauteur. Rien n'est plus beau que l'aspect de ces montagnes au commencement de l'été. Du milieu d'un fourrage épais on voit s'élever des fleurs de toutes les espèces, dont les couleurs variées ressortent brillamment sur cette riche pelouse, et dont les parfums embaument l'air à une grande distance. Des rochers qui s'élèvent çà et là dans ces prairies jaillissent des sources fraîches, limpides et pures, dont les eaux forment les torrents qui sillonnent la vallée. D'un côté de ces immenses prairies, où tout respire le bonheur, on voit des milliers de brebis savourer ces gras pâturages; tandis qu'à l'autre extrémité on aperçoit des troupes de chamois qui viennent en bondissant y prendre aussi leur pâture. Il vient annuellement dans les Basses-Alpes quatre cent mille moutons, qui, pendant l'été, abandonnent les vastes plaines de la Crau et de la Camargue. Les bergers amènent avec eux leurs fils, qui font la route à pied dès qu'ils ont cinq ou six ans. Les moutons, divisés par troupeaux de deux cents têtes, font 12 à 16 kilomètres par jour. La marche se termine par les mères, les jeunes filles et les petits enfants; elles conduisent un troupeau d'ânes qui portent les nourrissons, les agneaux qui naissent en route, les bagages, les vases pour traire le lait, et tous les ustensiles nécessaires pour faire le beurre et le fromage. Sur les montagnes, les bergers se partagent les pâturages; ils se nourrissent de pain et de lait, quelquefois d'un peu de lard, et veillent nuit et jour pour écarter les loups, qui sont très communs dans cette contrée. Cette race d'hommes, d'une probité sévère et d'une certaine intelligence, vit ainsi l'hiver dans les plaines désertes, l'été sur les hauts sommets, sans aucune communication avec le reste de la société; et pourtant cette vie a pour eux tant de charmes, qu'il est infiniment rare de la leur voir abandonner.

Au nord-ouest de la Provence et sur sa rive droite, le Rhône reçoit le Gard et un peu plus haut l'Ardèche. Nous retrouvons ici les plus beaux tableaux de la nature. Nulle part on ne verra plus de sites étonnants, plus de cascades, de gouffres ou de grottes que sur le cours de l'Ardèche, qui se déroule sur une longueur de 25 à 30 lieues. Nous resterons étonnés devant ces ponts naturels, ces gouffres sans fond, ces chaussées cyclopéennes et ce passage de volcans éteints. Il est une roche basaltique, appelée *Ray-Pié*, élevée de 50 mètres au moins, et du haut de laquelle la rivière se précipite d'un seul bloc avec un immense fracas. A quelque distance le sol tremble, et l'on croirait que le tonnerre gronde. A peine la rivière a-t-elle pris un cours plus paisible, que soudain elle se resserre, s'étrangle, et vient passer sous un pont à peu près unique au monde : c'est le *pont d'Arc*. Deux rochers, coupés à pic et d'une hauteur énorme, s'inclinent l'un vers l'autre, se courbent avec une régularité presque géométrique, et dessinent en se rejoignant une arche incomparable d'audace, qui mesure plus de 60 mètres d'ouverture et de 45 mètres d'élévation. Quant à Privas, le chef-lieu de l'Ardèche, il n'a rien qui attire les regards; mais c'est déjà le centre et comme le point de ralliement des curieux, qui de là descendent le cours si impétueux du Rhône. Un peu au sud, on aperçoit le bourg de Rochemaure, bâti en amphithéâtre sur le flanc d'une montagne volcanique. Trois rochers de basalte noir dominent cette hauteur; et celui du milieu, taillé à pic sur 300 mètres d'élévation, supporte les ruines d'un ancien château fort, dont les murs et les tours étaient composés du basalte même qui forme la montagne.

Les plaines du Gard offrent la monotonie de vastes landes, mais de landes fertiles et couvertes de vignobles parsemés d'arbres fruitiers. Rien ici ne fixe votre attention, si ce n'est le *pont du Gard*, monument étonnant du génie des Romains. Il est adossé à des montagnes entre lesquelles il forme comme un immense et majestueux trait d'union; il est tout bâti de pierres de taille posées à sec, sans mortier ni ciment. Les parois intérieures et le sol de l'aqueduc sont enduits d'un ciment très bien conservé, même dans les parties souterraines, où il est entièrement établi dans le roc. Trois rangs d'arcades à plein cintre, élevées les unes sur les autres, forment cette masse hardie, qui a 273 mètres dans sa plus grande étendue, et 48 mètres de hauteur. L'autre curiosité du département, c'est Nîmes, bâtie sur sept collines comme la cité de Romulus, entourée de remparts romains de 6 kilomètres, et ornée d'un jardin public qui rivalise avec les plus belles promenades de l'Europe. Mais ce qui fait la gloire de Nîmes, ce sont ses antiquités romaines. Le cirque, appelé ordinairement les *Arènes*, est le monument qui attire le plus les étrangers. Il est formé d'une ellipse parfaite, dont le grand axe est de 132 mètres et le petit axe de 103 mètres. Il se compose d'un rez-de-chaussée percé de soixante portiques et d'un premier étage orné de soixante arcades. L'amphithéâtre pouvait contenir 24,000 spectateurs. La *Maison-Carrée*, ce superbe édifice qu'on regarde avec raison comme un chef-d'œuvre par sa belle architecture et par les magnifiques ornements qui la décorent, est le monument le mieux conservé de l'antiquité païenne. Le bâtiment est orné en dehors de trente colonnes cannelées, d'ordre corinthien, dont les chapiteaux sont d'un travail admirable. Au-devant de la façade règne un grand vestibule ou portique ouvert de trois côtés, et soutenu par dix colonnes. Au fond de ce vestibule est la porte d'entrée, accompagnée de deux beaux pilastres. Et quand on songe que ces chefs-d'œuvre sont là depuis deux mille ans, l'imagination est frappée d'étonnement et de respect.

En remontant la vallée du Rhône, notre première station sera le comtat Venaissin, qui, avec Avignon, a formé le département de Vaucluse. Les âges ni les éléments n'ont pu enlever à ce pays sa physionomie méridionale si bien accusée, son climat provençal (le mistral en plus), et sa population si ardente. Les édifices d'Avignon sont uniques en leur genre sauvage. Les arcs de triomphe romains rappellent le souvenir de Titus, d'Adrien, et même du vainqueur des Cimbres. La cathédrale, l'ancien palais des papes, la succursale des Invalides, l'hôtel de Crillon, le tombeau de Laure, le nouveau théâtre, le long pont de bois sur le Rhône, comptent parmi les monuments les plus remarquables d'Avignon. Mais ce qui attire de ce côté le plus d'étrangers et de curieux, c'est un spectacle naturel de la plus grande beauté: la source de la Sorgues, que tout le monde connaît sous le nom de *fontaine de Vaucluse*.

A 10 lieues d'Avignon, en plein pays de montagnes, on remonte une vallée charmante, sinueuse, bordée de rochers, où la Sorgues, c'est-à-dire la petite rivière dont la merveilleuse source est à Vaucluse, serpente entre des prairies, forme de petites îles et vivifie des usines. Au-dessus du village, la vallée se courbe en demi-cercle, se transforme en un affreux défilé et se termine tout à coup par une vaste roche rougeâtre; un gouffre horrible s'ouvre sous ce roc, volcan aquatique dont les éruptions sont fréquentes, cratère dont la profondeur est incommensurable, la direction inconnue : c'est la principale source de la Sorgges. Si de longues pluies ou la fonte des neiges sur les monts voisins versent de nouvelles eaux dans l'immense réservoir dont ce gouffre est le débouché, l'eau s'émeut, s'élève, s'élance, arrive à la bouche du gouffre, bondit sur les rochers qu'elle a vomis, forme une cascade superbe et roule en rugissant dans le lit ordinaire de la Sorgues.

Nous quittons sans regret Avignon et sa belle fontaine de Vaucluse : car les sites enchanteurs, les monts effrayants, les rochers à pic, les vallées sans fond, les riantes prairies, nous attendent dans le Dauphiné, l'antique patrie des Allobroges. Les Hautes-Alpes, la Drôme, l'Isère, la Durance, Gap, Valence et Grenoble nous feront oublier tour à tour les riches vallées de la Provence et les sites sauvages de l'Ardèche. Au moyen âge, de nombreux châteaux forts, maintenant en ruines, s'élevaient dans le pays. On citait entre tous le fameux château de Tallard, baigné par les eaux de la Durance, où l'on comptait autant de tours qu'il y a de mois dans l'année, autant de portes qu'il y a de semaines, et autant de fenêtres qu'il y a de jours. Aujourd'hui ce château célèbre n'est plus que ruines et solitude. A l'embranchement de la route de Paris à Marseille, adossée aux flancs des Alpes Cottiennes, Gap, très mal bâtie et peu agréable, n'a à vous présenter que sa cathédrale, dont le vaisseau gothique est assez curieux à l'intérieur. Mais non loin de là vous trouverez *les Andrieux*, village dont les habitants sont privés pendant cent jours de la vue du soleil. Le 10 février est pour eux une grande fête, car l'astre bienfaisant y reparaît à l'horizon.

Comme Gap, Valence est laide et mal percée, malgré ses récents efforts. Mais elle peut se consoler par la vue du merveilleux paysage qui se déroule autour d'elle. D'une part, les sommets des Alpes viennent s'accroupir autour de ses murs et lui créent une perspective fuyante de verdure qui se marie à l'azur d'un ciel méridional; de l'autre, le Rhône se laisse enjamber, non sans murmure et sans fureur, par un pont suspendu, le plus beau peut-être de tout le midi de la France. Couvert des derniers contreforts des Alpes qui encaissent la vallée du Rhône, le département de la Drôme réunit aux sites pittoresques les enchantements des rives d'un grand fleuve et d'une belle rivière. Sur les plus hauts sommets, la neige, presque perpétuelle, est foulée par les chamois et noircie par les éternels sapins. Plus bas, l'herbe verdit haute et parfumée, et des coteaux, attiédis par les chauds rayons d'un soleil provençal, se couvrent de raisins qui donnent les vins renommés de *l'Ermitage*.

Plus loin, en remontant le Rhône, la vallée de Graisivaudan communique à Grenoble une physionomie très pittoresque. La ville est enclavée entre le cours rapide de l'Isère et une montagne assez raide, appelée la *Bastille*, qui est perchée à 200 mètres au-dessus de la cité. De ce point on jouit d'une vue immense sur la vallée de Graisivaudan. L'observateur voit la ville à ses pieds; ses regards se promènent sur le cours sinueux de l'Isère et du Drac, au milieu de campagnes d'une beauté et d'une fertilité admirables. Dans toutes les directions s'élèvent des groupes de montagnes superbes, la plupart couronnées de rochers ou blanches de neiges éternelles. Grenoble se divise en deux parties, que sépare l'Isère : la vieille ville, au pied de la Bastille, ne forme qu'une rue longue et étroite; le faubourg, au contraire, est spacieux et bien bâti; il possède de jolies places, des jardins et des promenades fort agréables. Mais la grande curiosité du département, c'est la *Grande-Chartreuse*.

Saint Bruno (1084), né à Cologne, d'une famille noble et aisée, honoré à Reims des emplois les plus distingués, s'étant dégoûté du monde, trouva dans cet affreux désert une retraite connue de Dieu seul. Cependant trois amis, et bientôt un grand nombre d'aspirants à sa rude vie, l'y suivirent peu après. A des huttes tremblantes, qui pliaient sous le souffle des vents ou le poids des neiges, succéda une métairie d'abord; puis un vaste bâtiment vint s'asseoir sur un vaste plateau. De nos jours, le bâtiment présente une vaste cour entourée de petits pavillons isolés, dont chacun possède son religieux, qui y passe dans la solitude, la prière et le travail, toutes ses nuits et la plus grande partie de ses jours. Chaque moine jouit de trois petites cellules, formant sa chambre à coucher, son oratoire et un atelier destiné à l'exercice d'un art mécanique; de plus, chacun possède autour de son pavillon un jardin séparé et indépendant. Autrefois, les forêts que les religieux exploitaient et quelques domaines hors de leur désert suffisaient aux besoins des Chartreux. La révolution ayant tout confisqué, ils sont parvenus à se créer une industrie supplémentaire et très innocente, dont les gourmets de tous les pays leur sont reconnaissants. Ils recueillent sur les Alpes sauvages un choix de plantes parfumées;

une vaste distillerie en extrait l'arome et le mêle à l'alcool, et c'est ainsi que, par milliers de litres, se compose la liqueur célèbre appelée la *grande-chartreuse*.

De Grenoble passons à Lyon, qui tient le premier rang après Paris, sinon sous le rapport de la population (car Marseille l'a déjà de beaucoup devancée), du moins sous le rapport des arts, de la richesse et de l'industrie. De la montagne de Fourvières, qui la domine, on jouit d'une vue d'ensemble qui a été mille fois dépeinte, mais que la plume ni le pinceau ne rendront jamais. Au temps de César, *Lugdunum* (Lyon) était déjà l'un des principaux marchés des Ségusiens; mais c'est à Agrippa, à Auguste et à Claude qu'elle dut ses principaux embellissements : ceux-ci en avaient fait une seconde Rome. Néron la releva de ses cendres, après un incendie qui l'avait ravagée. La place Bellecour est incontestablement l'une des plus belles et des plus vastes de l'Europe. Il est vrai qu'il y a quelque disproportion dans cet immense parallélogramme; mais une magnifique plantation de tilleuls, faisant face à des constructions d'un caractère monumental, atténue cette irrégularité. Bellecour sépare les anciens quartiers de Lyon des constructions plus modernes de Perrache, où semblent s'être groupés les débris de l'aristocratie nobiliaire.

Ici le Rhône tourne à l'est, traverse le lac de Genève et remonte, par des gorges profondes bordées de monts gigantesques, jusqu'au centre de la Suisse, dont nous renonçons à décrire les sites effrayants et pitoresques : car il nous faudrait un volume. Nous continuerons notre voyage vers le nord, en prenant la belle vallée de la Saône, qui, à partir de Lyon, fait suite à celle du Rhône. Le Mâconnais, la Bresse et la Franche-Comté nous dédommageront des beautés imposantes de la Suisse, dont nous essayerons ailleurs quelques descriptions.

Assise dans un pays riche en sites charmants, Mâcon n'est réellement pas une belle ville. On doit signaler cependant le beau quai de la Saône, où s'étalent avec coquetterie des constructions récentes; les promenades publiques, gracieusement ouvertes sur la campagne, à l'endroit où furent autrefois des remparts et des fossés; l'hôpital enfin, construit par Soufflot, l'immortel architecte qui jeta dans les airs la coupole du Panthéon. C'est sur les coteaux voisins que croissent ces vignobles dont les vins légers, limpides et francs de goût, brillent sur nos tables à titre de vins de Mâcon. Deux grands fleuves, reliés par un canal, baignent de leurs eaux les fertiles plaines de ce département; partout nous y trouverons une nature riche, splendide et pittoresque. C'est là que le Creusot, avec ses dix mille ouvriers, ses énormes fourneaux, ses laminoirs gigantesques, ses marteaux cyclopéens, ses monstrueux soufflets, nous apparaît comme une vivante image du progrès industriel. A côté de ce nouveau monde, nous retrouvons l'ancien dans la Bresse. En dehors des fameuses poulardes et des pierres lithographiques, qui produisent nos plus belles estampes, vous remarquerez surtout des champs qui tour à tour donnent poissons et moissons, ainsi qu'un peuple encore gaulois et des coutumes qui datent de deux mille ans. Bourg se place à la tête du pays, comme chef-lieu, avec dix mille habitants à peine: mais il renferme dans ses murs l'église de Brou, qui vaut à elle seule plusieurs cathédrales. Le jour du marché de Bourg, vous verrez venir de tous côtés le paysan avec son invariable char à quatre roues, un sac de blé devant et les poulardes derrière. Le type gaulois est là sans altération : cheveux plats, nez busqué, large bouche, œil un peu endormi, mais non sans malice. La coiffure des garçons et de leurs pères est partout l'invariable bonnet de coton. Ajoutez-y la veste de toile blanche et d'immenses guêtres, et vous aurez le Bressan au jour de travail. Quand c'est dimanche, le costume est presque le même, moins le chapeau en décalitre, qu'on achète vieux, et dont on se couvre les tempes, tandis que le bras gauche s'arme d'un immense parapluie rouge.

En remontant vers le nord-est, nous tombons dans la Franche-Comté, jadis habitée par les Séquanais et déjà célèbre dans les Commentaires de César pour sa merveilleuse fertilité. Le Jura, dont les vallées profondes sont sillonnées de petits fleuves torrentueux, représente la Suisse en miniature; les neiges y tiennent son pendant la plus grande partie de l'année; l'été y est brûlant, tandis que l'automne déjà froid et le printemps tardif ne semblent exister que pour mémoire. Mais là aussi, comme disait Virgile, sur ces abruptes montagnes et dans ces vallées inaccessibles, la jeunesse est plus haute et plus vigoureuse, la vieillesse plus verte et plus solide, les mœurs plus en honneur, les sentiments de famille mieux conservés. Au nord, nous retrouvons un peuple sage, patient et laborieux, qui, après avoir été longtemps éprouvé, s'est donné tout entier à la culture des champs ou à l'exploitation des richesses minéralogiques du sol, comme les sources salines qui donnent à Lons-le-Saulnier, coquette et embellie de fontaines jaillissantes, une importance véritable. A l'angle septentrional de la ville est creusé le puits des salines, de forme carrée de 5 mètres de côté, et d'une profondeur qui atteint 20 mètres; l'eau y est inépuisable; quatre pompes l'en retirent sans discontinuer, et elle est conduite, par un long canal de bois, dans de vastes bassins ménagés au fond d'une vallée étroite. Là, l'eau salée est reprise par d'autres pompes qui la font monter jusqu'à 10 mètres de hauteur au sommet de vastes bâtiments où elle filtre goutte à goutte à travers des épines amoncelées avec art; l'eau ainsi clarifiée, mais toujours chargée de sel très pur, descend enfin dans d'immenses chaudières, sous lesquelles un feu toujours égal vaporise, isole le sel, et le cristallise enfin sous la forme d'une nappe solide et blanche, qui n'a plus besoin que de sécher lentement pour être livrée au commerce.

Si le Jura nous a offert des mœurs particulières et une industrie locale, la Haute-Saône nous présente des curiosités naturelles. A Caimoutiers, c'est une grotte aux vastes proportions, où vous trouverez une fontaine limpide, et plus loin, dans le fond de la caverne, un abîme profond, où viennent se perdre plusieurs sources environnantes. A Échenoz, c'est un phénomène plus surprenant encore. Outre une belle caverne creusée au flanc d'un roc vif, il y a encore le fameux trou de *la Baume*. Qu'on se figure, sur le sommet le plus élevé d'une roche, un trou profond qu'on dirait creusé par la main patiente de l'homme. Quatre chambres divisent cette caverne et semblent avoir été polies par un artiste; et cependant tout cela c'est l'œuvre de la nature. Des débris d'hyènes, d'éléphants, d'ours, de rhinocéros, ont été trouvés dans ces cavernes : ce qui ne prouve que les eaux ont un jour couvert la terre et porté d'un pôle à l'autre les débris des animaux.

En quittant la Saône, nous tournons au midi pour descendre le Doubs, ou de ses affluents. Vers le milieu de son cours, la rivière contourne les flancs escarpés d'un plateau qui s'élève presque à pic à 130 mètres de hauteur : c'est l'emplacement de la citadelle de Besançon, sentinelle avancée de la France. La ville de Besançon elle-même est située dans une presqu'île; le Doubs en remplit les bords, et les bastions bien construits en utilisent les eaux, de manière à ceindre entièrement la place. Les environs de la ville procurent aux voyageurs les émotions les plus variées et les plus agréables. Dans le faubourg, village de Saint-Fergeux, un écho, assez rare en ce genre, répète d'un bout à l'autre une phrase de sept syllabes; dans le flanc d'un roc de 140 mètres de hauteur, un antre s'ouvre, et laisse jaillir, bouillonnante et argentée, une superbe cascade dont le mouvement se communique à plusieurs usines; c'est la rivière de la *Loue*, qui baigne une vallée sauvage et imposante. Non loin de là on remarque le vallon appelé le *Bout-du-Monde;* après avoir longé le flanc des rochers abruptes, la route s'y enfonce tout à coup, le ciel s'assombrit, et l'on n'entend point sans terreur le bruit d'un tonnerre lointain et continu : la foudre qui gronde au loin est une cascade de 10 mètres, qui lui prête sa voix menaçante. On trouve dans ce pays les plus vastes et les plus curieuses grottes de France. Dans celle de *Lods*, on admire une magnifique salle, dont l'entrée, sous un dôme de vigne et de verdure, charme tout d'abord le voyageur. A droite, on remarque une figure de forme humaine, placée dans un siège surmonté d'un dôme de stalactites décoré de guirlandes ; à gauche, on trouve une masse de stalagmites qui représentent assez exactement un lit garni de ses rideaux. L'ouverture du fond conduit à une seconde salle, où l'on voit trois statues élevées sur une sorte de piédestal, représentant, avec des formes peu arrêtées, trois femmes voilées et tenant des enfants dans leurs bras.

Non loin de là et un peu à l'est, la Seine prend sa source dans la Côte-d'Or. Nous allons descendre ce fleuve et ses affluents, à travers la Bourgogne, la Champagne, l'Ile-de-France et la Normandie.

Et d'abord la *Côte-d'Or*, admirablement digne de porter cette riche appellation, vraie mine du Pérou sans qu'on ait besoin d'en fouiller les entrailles. C'est une suite de collines de l'est à l'ouest, présentant au soleil leurs flancs à jamais bénis de Dieu et connus des hommes. Puis *Dijon*, dont les constructions élégantes, les flèches de ses édifices et les tours de ses vieux palais, se placent coquettement au pied des monts de Bourgogne, tout bleus d'azur et tout verts de pampres, au bord de deux rivières rustiques. Puis, non loin de Dijon, une merveille de la main des hommes, le tunnel de *Blaisy*, qui se place au niveau des plus grandes œuvres du génie moderne : c'est le point le plus élevé du chemin de fer de Paris à Lyon, et il a 4,100 mètres de longueur. Percé de puits de 200 mètres pour l'aérage, il a coûté à peu près 10,000,000 de francs. Puis encore *Auxerre*, gracieusement assise au bord de l'Yonne, à l'endroit où cette rivière est déjà propre à une navigation considérable. Elle voit passer à ses pieds ces chargements de bois que la Nièvre expédie des forêts du Morvan à destination de la capitale; elle fournit elle-même aux bateaux qui descendent l'Yonne ces vins en fûts que Bercy accueille avec honneur, et qui vont desservir toutes les grandes tables de l'Europe.

Entre l'Aube et la Marne on trouve la Champagne Pouilleuse, ainsi nommée à cause de la stérilité de son sol et de la misère de ses habitants. Le seigle et le sarrasin la couvrent d'une assez rare verdure, et les pins funèbres portent le deuil de cette contrée uniforme, sèche et monotone; mais le reste de la Champagne est gras et fertile : les prairies, les bois et les vignes y produisent de riches récoltes et le vin mousseux si célèbre. La cité de Troyes, résidence des hauts et puissants comtes de Champagne, comptait, il y a près de mille ans, une population de 30,000 habitants, et ses foires attiraient toute l'Europe. Elle a conservé une partie de sa vieille enceinte et plusieurs de ses portes gothiques, flanquées de tours, comme la porte Saint-Jacques. C'est dans l'Aube qu'on voyait jadis une célèbre abbaye de bénédictins, dont saint Bernard fut le fondateur : c'était Clairvaux, situé dans une riante vallée, près d'une belle forêt. Les hêtres et les faînes, les chênes et leurs glands, furent les premiers aliments de ces moines austères; plus tard, ils vécurent des travaux des champs ou des copies des chefs-d'œuvre anciens. Aujourd'hui deux mille détenus y remplacent les enfants de saint Bernard et y fabriquent de beaux et solides tissus de coton, réparation forcée de leurs malheureux crimes.

Dans la Haute-Marne, non loin de Chaumont (mont chauve), il faut admirer le pont-viaduc du chemin de fer de Paris à Mulhouse, une création des plus étonnantes. Il s'agissait de franchir une large vallée qui offrait 600 mètres de développement. Des piliers, murailles isolées, dont la hauteur dépasse celle de la colonne Vendôme et dont l'épaisseur se tient dans les mains d'un homme, soutiennent cette hardie construction de cinquante arcades à l'étage supérieur, quarante-deux à l'étage intermédiaire et vingt-six au rez-de-chaussée. Les promeneurs et les piétons peuvent passer tranquillement par cette voie aérienne, en entendant gronder sur leur tête le tonnerre des trains roulants.

Plus au nord, une vaste plaine unie comme une table, blanche comme une porcelaine, immense comme la mer, formait l'assiette du camp de Châlons, que ne peuplent plus des milliers de tentes, les unes larges et hautes comme des maisons, les autres pointues comme des pains de sucre. Mais avancez encore, et bientôt vous admirerez les riches vignobles des coteaux de Reims et d'Épernay, les prairies de Châlons et la vallée si pittoresque de la Marne. Puis au nord-est, l'immense forêt des Ardennes, avec ses sites sauvages, ses rochers géants, ses ardoisières profondes, vous conduit à Mézières par les rives de la Meuse, qui enferme cette ville dans une presqu'île. On peut, par des écluses lâchées à propos, isoler la ville au milieu d'une ceinture d'eau large d'un kilomètre. Trois ponts immenses enjambent la Meuse et sa vallée, et se relient par un tunnel creusé sous les fortifications.

Entre la Seine et ses affluents, la Marne, l'Aisne et l'Oise, qui forment presque une île, étaient autrefois enclavés les domaines de la couronne qu'on appelait Ile-de-France. De Paris à Laon, de Versailles à Melun et à Beauvais, à travers ces magnifiques rivières, plus d'une fois le voyageur enchanté s'arrêtera pour contempler des sites admirables et de superbes forêts. La ville de Laon est perchée sur le sommet circulaire d'une montagne qui s'élève brusquement à 100 mètres au-dessus des vallées environnantes. Les quatre tours de sa cathédrale attirent les regards à 10 lieues à la ronde depuis plus de sept cents ans. Les promenades qui longent en cercle les vieux murs de Laon vous donnent une idée des jardins suspendus de Babylone. Puis voici la vallée de la Marne, qui, d'Épernay à Meaux, pendant 20 lieues, n'est qu'un continuel ravissement pour le voyageur. A droite et à gauche, les diverses cultures en petits carrés forment, sur le flanc et jusqu'au sommets des coteaux, une superbe mosaïque fuyante.

A 53 kilomètres E. de Beauvais, le superbe château et la forêt de Compiègne sont enclos entre l'Aisne et l'Oise, sur un diamètre de 26 kilomètres et avec des routes dont le développement serait de 275 lieues. C'est à Compiègne que, dès le temps des Carlovingiens, les empereurs avaient leur cour, leurs assemblées nationales et leur tombeau. Des promenades charmantes, de gracieux paysages et le voisinage de la grande forêt ajoutent encore aux charmes de Compiègne; mais le château grandiose, dont la façade est de 195 mètres, emporte l'admiration. Puis, à 14 kilomètres de Melun, vous trouverez encore la belle forêt de Fontainebleau, où les aspects les plus variés semblent se donner rendez-vous pour le plaisir des yeux; elle a plus de 1,600 hectares de superficie, 18 lieues de circuit, 640 routes, et on y compte jusqu'à 3,000 cerfs et daims, sans parler des chevreuils. Puis, au milieu de la forêt, un superbe château avec un parc et des jardins magnifiques.

Et tout près de la capitale, dans une plaine sèche et peu féconde, sans carrières ni forêts, s'élève une grande ville et un château: c'est Versailles, la ville de Louis XIV. La cité s'annonce par des avenues d'arbres séculaires, à double et quadruple rangs. Si vous arrivez en face du château, vous apercevez dans l'avant-cour des statues colossales en beau marbre blanc, chacune sur son piédestal isolé de toutes parts. Plus loin, les jardins succèdent aux bosquets, la verdure naïve aux fleurs variées, et rien ne saurait dire l'aspect de cette nature embellie par le génie de l'homme, surtout aux grandes fêtes de la patrie ou de la ville de Versailles.

Enfin nous voici à Paris, le cœur de la France, la tête du mouvement et de la civilisation, la ville que les étrangers nous envient, et la première de l'Europe par la culture des lettres, des sciences et des arts, par le nombre et la variété des monuments publics. Citons parmi les places : celle de la Concorde avec l'obélisque de Louqsor; la place Vendôme avec sa colonne de canons étrangers; la place des Victoires avec sa statue équestre de Louis XIV; la place de la Bastille avec sa colonne érigée en mémoire de la révolution de 1830. Parmi les édifices : l'arc de triomphe de l'Étoile, le palais de l'Industrie, les Invalides, le Trocadéro, la majestueuse Notre-Dame, et le Louvre, monument sans rival au monde. Parmi les promenades : les Champs-Élysées et le bois de Boulogne; les jardins des Plantes et d'Acclimatation; ceux des Tuileries et du Luxembourg; les boulevards intérieurs et extérieurs. On trouve à Paris des hôpitaux où l'on admet toute espèce de malades; des établissements d'instruction où l'on enseigne toutes les sciences connues; des bibliothèques qui offrent aux amateurs les plus riches trésors des connaissances humaines. Dans cette grande ville, les moindres bâtisses prennent un air grandiose : les maisons sont des hôtels, les hôtels sont des palais, et les palais presque des villes.

Quittons la capitale et descendons le bassin de la Seine du côté de la Normandie, une des provinces les plus riches et les plus fertiles de France. Des pâturages magnifiques y nourrissent des chevaux, des bœufs et des moutons très estimés. S'il n'y a pas de vignes, des pommiers vigoureux fournissent en abondance du cidre, qui est la boisson du pays. Sur la rive gauche de la Seine, l'Orne et l'Eure y arrosent de vastes plaines; les côtes, qui sont très poissonneuses, offrent un grand nombre de bains et de ports; et le Havre seul opère sur les côtes normandes un va-et-vient de dix mille grands navires.

Entre l'embouchure de la Seine et le port de Brest, la mer, complètement inhospitalière, n'offrait que des rivages dangereux, des sables profonds, d'inévitables rochers. En cas de défaite, les flottes françaises ne trouvaient, le long de ces plages, aucun asile possible; c'est ce qui explique les désastres de la bataille de la Hogue, malgré la valeur et le génie de Tourville; mais aujourd'hui, grâce à des travaux gigantesques, le grand port militaire de Cherbourg, creusé dans le roc, contient à l'aise quinze grands vaisseaux de ligne; trois forts, construits en mer sur le rocher, croisent leurs feux pour défendre la rade elle-même, qui constitue l'avant-port et qui peut contenir quatre cents vaisseaux; c'est une des plus sûres de la Manche, grâce à la digue, qui est la grande merveille de Cherbourg et de notre siècle.

Sur la Manche et à l'embouchure de la rivière d'Arques, qui nous rappelle une victoire du bon Henri, une grande et belle ville se présente à vous avec un aspect grave, sérieux et presque solennel : c'est Dieppe. Deux immenses bassins lui servent de port, et un énorme château commande la place du haut d'une falaise sourcilleuse. La plage est renommée par sa largeur et le développement de son horizon; nulle part ailleurs on ne voit une mer plus limpide et plus saine. Aussi, dans la saison des bains, Dieppe est un petit Paris.

Un peu à l'ouest, c'est le Havre, vrai port de Paris, puisqu'il n'en est qu'à cinq heures de distance, grâce à la vapeur. Montez jusqu'aux deux phares qui s'élèvent sur le haut promontoire de la Hève, vous ne pourrez qu'admirer en silence les riches coteaux normands et leurs nombreux villages, l'embouchure de la Seine, les plages de la basse Normandie, les brumes du cap de la Hogue, l'Océan avec son horizon d'azur, qui se termine en Amérique, les voiles sans nombre qui dorment dans la rade, les navires qui, à l'heure de la marée, entrent ou sortent aussi nombreux que les omnibus dans une rue de la capitale : tel est le panorama qui se développe devant vous, merveille presque unique en France.

Vous parlerai-je de Rouen, la capitale de la Normandie, qui s'élève en amphithéâtre sur la rive droite de la Seine? L'arrivée de Paris par la voie ferrée vous donne à peine le temps d'apercevoir la cité normande : deux fois vous enjambez le cours de la Seine par deux ponts de fer presque rivés bout à bout; puis un tunnel se présente, et, après avoir passé deux fois par-dessous les faubourgs de la ville, le train arrive dans une tranchée à ciel ouvert et profondément encaissée : c'est Rouen, que vous verrez tout à l'heure encaissée elle-même entre plusieurs collines qui la rendent fort humide. Mais vous serez étonné du mouvement autour de cette ville, et sur cette voie ferrée dont les locomotives animent les paysages environnants, à la verdure sombre et vigoureuse.

Nous arrêtons ici notre course à travers les fleuves de France, et nous passons les Pyrénées pour visiter ceux de la péninsule hispanique (Espagne et Portugal).

CHAPITRE IX

Vue générale sur l'Espagne et le Portugal. — L'Èbre et la Vieille-Castille. — La vallée du Douro et Ségovie. — La vallée du Tage, Madrid et Lisbonne. — Le Guadiana. — La vallée du Guadalquivir et l'Andalousie.

Considérée géographiquement et physiquement, l'Espagne tient presque autant à l'Afrique qu'à l'Europe; on ne peut en douter quand sur la carte de la Méditerranée, à côté des péninsules de la Grèce et de l'Italie, on voit celle d'Espagne donner la main à la pointe d'Afrique, qui semble n'être que sa continuation, malgré le nom et le détroit qui les séparent. A travers les différences que la religion, le gouvernement et les lois ont établies dans les mœurs, dans les costumes, dans le langage, on voit que les rapports matériels et terrestres, le sol, les eaux, la culture, se retrouvent encore les mêmes entre des pays voisins, qu'une longue suite d'événements a rendus étrangers l'un à l'autre. Ainsi le même soleil brûlant dévore la Barbarie et l'Andalousie. Les montagnes, dépouillées de forêts, n'y amassent plus les nuages et les pluies. Les plaines et souvent les vallons sont en proie à la sécheresse. Partout, il est vrai, où l'art rencontre des eaux fertilisantes, il en profite avec un succès prodigieux pour demander des récoltes à la terre. Mais auprès de ces riches campagnes sont des déserts immenses, où l'œil se perd et la pensée s'attriste, en embrassant de toutes parts l'espace aride et solitaire. D'un côté, les vins liquoreux, les orangers, les citronniers, les lauriers gigantesques, le palmier nain, la canne à sucre et le cotonnier; de l'autre, sous un ciel presque toujours ardent, des plateaux incultes et des pentes nues, dont rien de vivant ne coupe l'uniformité : telle est l'Espagne. Le Portugal, pays montagneux et bien arrosé, jouit d'un climat doux et salubre; le sol est fertile et produit d'excellents vins, des oranges et des citrons renommés; mais, comme en Espagne, la culture est généralement négligée.

Lorsqu'une entrevue fut décidée, pour l'été de 1660, entre Louis XIV et Philippe IV, à l'occasion du mariage du roi de France avec l'infante Marie-Thérèse, entrevue qui eut lieu dans l'île des Faisans, sur la Bidassoa, le roi d'Espagne, conduisant la royale fiancée, et suivi d'une cour nombreuse, traversa les *gargantas de Pancorbo*, avec trois mille cinq cents mules, quatre-vingt-deux chevaux, soixante-dix carrosses et autant de fourgons. Ces gorges (gargantas) sont un des endroits les plus sauvages et les plus étrangement pittoresques de l'Espagne et du monde entier : pendant près d'une demi-heure, d'énormes rochers, qui s'élèvent à pic à une grande hauteur, se suivent parallèlement et se rapprochent parfois à tel point qu'on croirait que leurs cimes se touchent. Un voyageur français du XVIIe siècle, parlant de ces gorges, les appelle « un passage affreux, qui paraissait plutôt le chemin de l'enfer que celui de Pancorbo ». Les gargantas de Pancorbo étaient autrefois, comme aujourd'hui, le passage obligé de ceux qui se rendaient de Madrid dans les provinces basques. Les gorges traversées, la contrée est toujours sauvage et accidentée. Voici à notre droite le monastère de Bujedo, bâti au pied d'énormes rochers, et qui autrefois devait abriter des hôtes nombreux. Le lierre a envahi ses murs, et les toits effondrés laissent voir, à travers d'énormes ouvertures, de grandes salles désertes et à demi ruinées. Bientôt le train de Burgos s'arrête là, et on crie : Miranda de Ebro, *treinta minutos de parada* (arrêt) *y fonda* (buffet). Nous sommes dans la première ville de la Vieille-Castille, et nous y saluons l'Èbre pour la première fois, l'Èbre un des plus grands fleuves de l'Espagne, qui prend sa source dans les monts Cantabres, traverse tout le nord-est en passant par Saragosse et va se jeter dans la Méditerranée entre Valence et Barcelone. C'est l'ancien Iberus, qui, comme le Tage, a été chanté par plusieurs poètes. Les eaux de l'Èbre, blondes comme celles du Tibre, ne sont guère propres à la navigation; quant à la canalisation de ce fleuve, elle n'a jamais été terminée, et ses actions ne valent pas plus de trente francs. Pauvre Vieille-Castille! De Burgos à Madrid, vous ne voyez que des pays vides comme la mer et beaucoup plus tristes que les vastes plaines des Landes aux environs de Bordeaux. Mais dans les vallées de l'Èbre, à côté de plateaux incultes, on voit serpenter au loin des rivières et le cours du fleuve, entourés d'une lisière de verdure, où l'on suit avec satisfaction la trace des moissons, les plantations et les habitations des hommes.

Des monts Ibériens et des monts Cantabres, où il prend sa source directement ou par ses affluents, le Douro arrose une vaste étendue, de Ségovie à Burgos, de Léon à Salamanque, et des monts Ibériens à Porto en passant par le nord du Portugal.

Ségovie, à quinze lieues au nord de Madrid et au delà des monts, est une des plus grandes villes de l'Espagne; le moyen âge y est caractérisé, d'une manière plus complète et plus pittoresque qu'ailleurs, par trois monuments remarquables : l'Alcazar, l'aqueduc et la cathédrale. Le premier a été détruit par un incendie en 1862. Perché sur un rocher au centre de deux vallées profondes, et entouré de deux rivières, il était comparé à un navire dont les mâts étaient formés par les tours, qui dominaient la ville. L'aqueduc, œuvre grandiose, amène de trois lieues à Ségovie l'eau du rio Trio. La partie de l'aqueduc qui arrive dans le cœur de la ville se compose de deux rangées d'arcades superposées qui dépassent de beaucoup la hauteur des maisons les plus élevées. D'énormes blocs de granit, noircis par le temps, sont ajustés sans ciment ni mortier; et ils ont résisté pendant dix-huit siècles aux injures du temps et à celles des hommes. Le peuple le désigne sous le nom de *el puente del Diablo;* car il est contraire à tous les autres ponts du monde, puisqu'il sert pour faire passer l'eau et non les hommes. Aujourd'hui ces constructions ne sont pas rares en Europe. La cathédrale de Ségovie mérite d'être citée parmi les plus belles églises d'Espagne; l'architecture est de l'époque où le style gothique se mêlait à celui de la renaissance, époque si fertile en charmants chefs-d'œuvre dans presque toutes les provinces de la péninsule espagnole. On ne peut s'empêcher de faire de tristes réflexions en comparant l'état actuel de Ségovie à sa situation prospère au moyen âge. Les laines et les draps de la *fuerte Segovia,* comme on disait alors, jouissaient d'une grande renommée; tout le monde connaît le drame d'Alarcon : *el Tejedor de Segovia* (le Tisserand). Quand on voulait parler d'une personne très fine, on disait qu'elle était *refinada en Segovia* (raffinée). Brantôme, qui savait bien l'espagnol, s'est servi de cette expression.

Comme Ségovie, Avila, sur la ligne d'Irun à Madrid, est une ville du moyen âge qui mérite d'être visitée, même après Fontarabie, Tolède et Cuença. Une haute ceinture de murailles l'entoure sans interruption, et de nombreuses tours rondes s'élèvent à des intervalles réguliers et dominent la campagne à une grande distance, car la ville est bâtie sur un mamelon isolé. La gloire d'Avila, c'est d'avoir donné le jour à sainte Thérèse, la célèbre réformatrice de l'ordre des carmélites.

Salamanque est trop près d'Avila pour ne pas lui rendre les honneurs d'une visite. La ville, hélas! est triste et morne; les étudiants ont déserté depuis longtemps son université jadis si célèbre, et les bacheliers y sont aujourd'hui chose inconnue. Le XVIe siècle fut l'époque la plus brillante de Salamanque; elle comptait alors parmi ses habitants les plus illustres personnages de la noblesse castillane. Elle compta parmi ses professeurs l'illustre et grand cardinal Ximenès de Cisneros. Parmi les élèves, il suffit de nommer Cervantès, l'immortel auteur de *Don Quichotte de la Manche;* c'est pendant son séjour dans cette ville qu'il apprit à connaître les mœurs de l'*estudiante* espagnol, dont il a donné plus tard une peinture si exacte.

A l'ouest de Salamanque, le Douro passe en Portugal. Cette nation est petite, mais elle a joué un rôle qui l'élève au niveau des grandes. Et puis le pays est charmant, plein d'intérêt historique et artistique. Les sujets de douces rêveries se trouvent à chaque pas, et la poésie, fille du ciel, remplit l'espace et flotte dans l'air. En descendant le Douro, on laisse à droite San-Joaõ-da-Paz, très fréquenté par les baigneurs, puis le phare de Luz. En remontant vers le nord, on passe devant Matasanhos et on prend terre à Leça-da-Palmeira, où les gens de Porto se réunissent pendant la saison des bains. La première chose qui vous frappe, c'est une chapelle et sa tour carrée, d'un aspect plus militaire que religieux, et qui semble déceler un architecte arabe : c'est le monastère *do Balio* (du Bailly). L'apparence est trompeuse. La portion la plus ancienne du couvent est âgée d'au moins neuf siècles, et l'église date de 1336. L'établissement appartenait alors à des frères hospitaliers de Jérusalem, et les institutions de l'ordre autorisaient les religieux, soldats autant que moines, à se mettre militairement à l'abri des attaques des infidèles. Or, à cette époque, Osmin, le célèbre chef des Maures de Grenade, tenait les princes d'Espagne et de Portugal en haleine, et il n'est pas surprenant que le prieur Vasques Pimentel ait construit un monastère capable de résister à une attaque sinon prochaine, du moins possible. Cet édifice impressionne vivement. Face à face avec ces murs bizarres et découpés sur le bleu du ciel, l'esprit renoue toute une chaîne d'idées, d'usages et de mœurs effacés par le temps, et qu'il croit retrouver énergiques et impérieux encore comme s'ils avaient franchi sans être altérés les espaces et les âges.

Sur la rive droite du Douro, à égale distance de l'océan Atlantique et de la frontière nord du Portugal, s'élève une colline dans une plaine d'un aspect enchanteur. Sur cette colline ruissellent des rues, s'accrochent des murs, grimpent des toits, serpentent les restes d'une ancienne fortification, au dehors de laquelle se sont éparpillées jusque dans la plaine des maisons qui semblent être tombées du ciel, au hasard, sur un admirable tapis d'herbes et de fleurs : c'est Braga, l'ancienne *Bracara Augusta* des Romains, où Isis avait un temple. Ce fut la première cité où Jacques le Majeur prêcha l'Évangile dans cette colonie romaine. Les Suèves en firent par la suite le chef-lieu de leurs possessions. La cathédrale de Braga, qui a le titre d'église primatiale des Espagnes, est le monument religieux le plus ancien du royaume.

Le Tage, un des plus beaux fleuves de la péninsule hispanique, traverse le centre du Portugal et de l'Espagne, de Lisbonne à Madrid, en passant par Tolède, trois villes remarquables, que le voyageur aime à visiter.

Madrid, dans la Nouvelle-Castille, est située sur la rive gauche du Mançanarez, affluent du Tage, à 320 lieues environ de Paris. Ses rues sont larges, propres, régulières, mais mal pavées; celles d'Alcala, d'Atocha, de San-Bernardino, de Tolède et de Fuencarral, sont les plus belles. Ses places sont au nombre de quarante-deux, parmi lesquelles on remarque la Plaza-Mayor, celle du Palais-Royal et celle du Soleil. Madrid n'était encore qu'un petit village au temps des Romains; en 1109, elle fut prise par les Maures, qui la fortifièrent et lui donnèrent son nom actuel. Elle devint capitale de tout le royaume sous Philippe II en 1563.

Lisbonne est bâtie en amphithéâtre, près de l'embouchure du Tage, et offre un aspect pittoresque et imposant. La vieille ville est laide; mais la nouvelle, qui est considérable, offre des rues droites, larges et propres. Le port, l'un des meilleurs de l'Europe, est le seul port militaire du royaume, et le seul qui ait des chantiers. L'industrie est active, et presque toutes les grandes fabriques sont pour le compte du gouvernement. Mais le commerce se fait en grand, et embrasse toutes les marchandises provenant du Portugal, des Açores, du Brésil, de l'Afrique et de l'Inde portugaise. Le port de Lisbonne voit entrer chaque année plus de trois mille navires. La navigation du Portugal, en 1855, a été faite par huit mille neuf cent soixante-dix navires à l'entrée et neuf mille trois cent quatre-vingt-six à la sortie, les pavillons étrangers figurant dans ces chiffres pour un tiers environ. La douane du port de Lisbonne a rapporté, en 1858, plus de dix millions. La marine militaire, bien déchue de son ancienne splendeur, et qui eut autrefois jusqu'à trois cents navires en mer, ne compte plus qu'un vaisseau, une frégate, six corvettes, quatre bricks, sept avisos, deux goélettes, sur vingt-cinq navires, dont dix à vapeur, montés par 2,483 hommes.

De Lisbonne il faut aller à Belem par le Tage. Du quai de Sodre, vous naviguez dans un *bote* au milieu des navires de guerre et des bâtiments de commerce qui encombrent le port, avant de vous débarquer auprès de la tour fameuse, à deux pas d'un célèbre couvent. La tour a été fondée par le roi Jean, surnommé le prince parfait. Le couvent des Jeronymos s'élève sur l'emplacement d'un ancien monastère des chevaliers du Christ. Au retour de Vasco de Gama, Manoel voulut perpétuer le souvenir des succès du hardi navigateur, et les travaux d'une abbaye que devaient habiter les hiéronymites de Penha-Langa furent entrepris sous la direction d'un architecte italien, élève de Bramante. Quand on entre dans l'intérieur du temple, l'esprit reste confondu devant tant d'audace dans les dispositions générales, tant d'esprit d'invention dans ces détails multipliés à l'infini et qui ne se reproduisent nulle part. A Cintra, non loin de Belem, le château royal offre des parties d'architecture arabe assez considérables pour faire croire que Jean Ier ne fit qu'approprier un ancien palais des rois maures de Lisbonne. Dans ces somptueux appartements, le chef de la dynastie d'Aviz venait se reposer de ses glorieux travaux.

Entre l'embouchure du Tage et celle du Douro coule une petite rivière, le Mondego, en passant par Coïmbre, et se jette directement dans l'Océan. Quand vous serez à Coïmbre, ne manquez pas de visiter Batalha; c'est une des plus belles excursions qu'un voyageur puisse faire, je ne dis pas en Portugal, mais en Europe. L'Alcazar de Séville, l'Alhambra de Grenade, n'offrent rien qui soit plus merveilleusement travaillé que le cloître de Batalha. Ses fontaines et ses fleurs, et son air délaissé, lui donnent une poésie qui excite l'enthousiasme. Vous admirez instinctivement l'ensemble de ce noble édifice, manifestation éclatante de l'art religieux et chevaleresque du XIVe siècle. L'esprit peut en concevoir de plus vastes, il ne saurait en rêver exprimant mieux la grandeur, la majesté, le mystère et le calme. Il respire la paix et la douceur, le silence et le repos, et si, avec ses ombres tièdes, ses lumières amorties, il semble avoir revêtu une teinte de mélancolie, celle-ci a des charmes inexprimables, qui ravissent le cœur jusqu'aux portes du ciel.

Nous finirons nos excursions dans la vallée du Tage par l'antique capitale des rois goths. Il est peu de villes en Espagne qui puissent se vanter d'une origine aussi éloignée que Tolède; mais il en est peu aussi dont l'histoire ait été le sujet de fables aussi ridicules. Les uns ont prétendu que les Juifs vinrent s'y établir après la captivité de Babylone; d'autres attribuèrent sa fondation à Hercule, ou bien encore à Tubal, fils de Caïn. Les anciens historiens espagnols rapportent toutes sortes de fables au sujet de l'ancienneté de leur pays, jusqu'à faire figurer parmi les premiers princes qui gouvernèrent la Péninsule des personnages fabuleux tels que Gériyon le Cruel, Hercule le Grand, Atlas et autres. Ce sont ces contes qui firent dire plaisamment à l'abbé de Vayrac que ces historiens regardaient Adam comme le premier roi de Tolède, et que, d'après eux, le soleil, dès sa création, s'était élevé au-dessus de cette ville, qui était le trône et le centre du monde. La vérité est que Tolède existait plus de deux cents ans avant Jésus-Christ. En 192, le proconsul Marcus Fulvius en fit le siège et la plaça sous la domination romaine. Les monuments dont on voit encore les ruines, et la réputation dont jouissaient ses épées, montrent que Tolède était déjà d'une certaine importance. Quand les barbares du Nord envahirent la Péninsule, Tolède tomba au pouvoir des Alains, qui ne la conservèrent pas longtemps, et elle passa aux Goths dans le ve siècle. Elle était plus riche et plus florissante que jamais lorsque les Arabes arrivèrent en Espagne. Après la bataille de Guadalete, si funeste aux chrétiens, les musulmans s'emparèrent facilement de Tolède, où ils trouvèrent un butin immense. Parmi les trésors figuraient la fameuse table de Salomon et vingt-cinq couronnes d'or massif appartenant aux rois visigoths. Tolède était depuis près de quatre cents ans sous la domination musulmane lorsque le roi de Castille Alphonse VII s'en empara, en 1085, après un siège de plusieurs années. En 1520, Tolède était parvenue à l'apogée de sa prospérité; c'était une ville savante et polie comme Séville et Salamanque. En l'année 1560, un coup fatal vint frapper Tolède; Philippe II fixa sa résidence dans la moderne Madrid, après avoir abandonné l'antique capitale des rois goths. Depuis cette époque, elle n'a fait que décroître, et la ville impériale qui, au temps de sa prospérité, comptait plus de 200.000 habitants, en possède à peine 15.000 aujourd'hui: *sic transit gloria mundi!* Tolède est restée trop longtemps au pouvoir des Arabes pour n'avoir pas conservé quelques monuments qui rappellent l'époque de la domination musulmane; l'un des plus curieux est l'ancienne synagogue connue sous le nom de *Santa-Maria*. Cet édifice arabe, un des plus anciens de Tolède, a une architecture qui ne manque pas d'analogie avec celle de la mosquée de Cordoue. Il y a longtemps que la synagogue a cessé d'appartenir au culte israélite; dès le commencement du xve siècle, les habitants de Tolède, convertis par saint Vincent Ferrier, expulsèrent les juifs de leur temple, qui fut converti en église catholique. C'est en 1227 que saint Ferdinand fit commencer la construction de la merveilleuse cathédrale de Tolède, qu'on admire encore aujourd'hui.

Le fleuve privilégié de l'Espagne, c'est le Guadalquivir, qui arrose l'Andalousie en passant par Cordoue et Séville, célèbre par sa cathédrale et son aqueduc romain, et va se jeter dans l'Océan, au nord du cap Trafalgar et non loin de Cadix, la seconde place commerçante de l'Espagne. Grenade, sur le Xénil, affluent du Guadalquivir, est remarquable par son industrie, son commerce et surtout par le palais arabe de l'Alhambra, qui peut s'appeler à juste titre le délice des rois; car on ne sait lequel on doit le plus admirer, ou de l'excellence de sa position, ou de la beauté du pays qui l'environne. De quelque côté qu'on porte ses regards, on trouve de nouvelles raisons d'admirer les richesses de la nature et le bonheur des campagnes de Grenade. A l'orient et au midi, on voit des montagnes couronnées de neiges éternelles, source des eaux qui vont porter à Grenade la fraîcheur et la salubrité; au nord et à l'occident, la vue, aussi loin qu'elle peut s'étendre, se promène sur une plaine charmante, ornée d'une multitude d'arbres couverts de fleurs ou de fruits. Il est hors de doute que ce furent ces avantages qui déterminèrent les rois maures à établir leur résidence en ce lieu.

Après Grenade, il faut voir *Arcos de la Frontera*, qui, malgré le voisinage du chemin de fer de Cadix à Séville, est un des endroits où les mœurs et les costumes andalous se sont le mieux conservés. La ville, qui s'élève au-dessus du Guadalete, est séparée en deux par une rue longue et escarpée, horriblement pavée, mais des plus pittoresques. Suivant l'ancien usage, un ruisseau ménagé au milieu sert à l'écoulement des eaux; les murs blanchis à la chaux comme du temps des Arabes, les toits plats couverts de grandes tuiles imbriquées, les *réjas* de fer qui défendent les fenêtres : tout cela donne à la *calle mayor* d'Arcos de la Frontera un aspect tout à fait original. Tout en haut de la ville s'élèvent, à côté de l'église, de vieilles tours mauresques couronnées de créneaux; le sacristain vous fait monter au sommet du clocher, d'où vous découvrez une vue superbe : à vos pieds une colline plantée d'oliviers; plus bas le Guadalete, qui sillonne une plaine admirablement cultivée, et dans le dernier plan les hautes crêtes de la Serrania de Ronda, dont les découpures bizarres se confondent avec les nuages. Le pont d'Arcos, sur le Guadalete, a donné lieu à toutes sortes de dictons populaires, comme chez nous le pont d'Avignon; ainsi, quand une personne entreprend une tâche sans la mener à fin, on la compare au *puente de*

Arcos, qu'on n'acheva jamais, bien qu'on eût à portée les pierres et la chaux.

> Aquel que mas alto sube
> Mas grande porraza da :
> Mira la puente de Arcos,
> En lo que vino a parar!

C'est-à-dire : « Celui qui veut s'élever trop haut fait une chute plus grande : vois ce qui est arrivé au pont d'Arcos ! » Remontons le cours du Guadalete jusqu'à Jerez, et en quelques heures nous arrivons à San-Lucar-de-Barrameda, situé sur la rive gauche du Guadalquivir, à peu de distance de l'embouchure du fleuve, qui s'élargit beaucoup avant de se jeter dans l'Océan. C'est à l'extrémité nord de cette côte de l'Andalousie, non loin de la frontière du Portugal, qu'est situé le petit port de Palos, dont le nom a été immortalisé par Christophe Colomb. C'est de là que le célèbre navigateur génois, après avoir obtenu, non sans beaucoup de difficultés, le consentement d'Isabelle la Catholique, s'embarqua pour aller à la recherche d'un nouveau monde.

Une des plus charmantes villes de l'Andalousie, c'est Malaga, sur la Méditerranée, au sud-ouest de Grenade.

> Malaga la hechicera,
> La del eternal primavera,
> La que baña dulce el mar,
> Entre jazmin y azahar.

« Malaga l'enchanteresse, la ville au printemps éternel, que baigne doucement la mer entre le jasmin et l'oranger ! » L'aspect gai et animé de la ville, qui contraste avec le calme et le silence des rues de Grenade, vous frappe dès votre arrivée. On trouve dans les quais de Malaga des tonneaux de toutes dimensions et des caisses de *pasas* (raisins secs) ; outre ces principales productions, il ne faut pas oublier l'industrie des terres cuites coloriées, fort ancienne dans le pays ; c'est dans le *pasaje de Heredia* que se modèlent ces statuettes, qui représentent invariablement des costumes andalous. Le climat de Malaga est un des plus doux de l'Espagne ; ses rues ont conservé, dans certains quartiers, leur ancien aspect, et sont encore étroites et tortueuses comme à l'époque mauresque ; beaucoup de maisons ont, comme celles de Grenade, un *patio*, ou cour découverte entourée d'arcades et ornée de bananiers, d'orangers et d'une quantité d'autres plantes, au milieu desquelles s'élance le mince filet d'un jet d'eau. C'est dans le *patio* qu'on se tient pendant les grandes chaleurs, et c'est là qu'ont lieu pendant la belle saison d'été les *tertulias*, réunions où l'on danse parfois quelques pas andalous. On y chante encore au son de la guitare ces couplets si populaires en Andalousie, sous le nom de *Malaguenas*.

Les souvenirs du temps des Maures ne sont pas rares à Malaga, et plusieurs édifices ont gardé leur nom arabe. L'ancien arsenal mauresque a conservé une élégante porte en fer à cheval, revêtue de marbre blanc; de chaque côté se lisent, comme à l'Alhambra, ces deux inscriptions : *Dieu seul est riche, Dieu seul est vainqueur*. Comme la plupart des villes de la côte, Malaga est une ancienne colonie phénicienne; les Arabes s'en emparèrent après la fameuse bataille de Guadalete, et ce n'est qu'en 1487 qu'elle cessa d'être musulmane en tombant au pouvoir des rois catholiques. Ce n'est que cinquante ans après que fut commencée la cathédrale, splendide édifice qui domine majestueusement le port et la mer; un bel escalier de marbre donne accès dans la nef principale, à côté de laquelle s'élèvent parallèlement deux nefs latérales; de chaque côté de la façade s'élèvent deux hautes tours, dont l'une est restée inachevée. Mais pour bien voir la cathédrale, prenez une *falua* dans le port, éloignez-vous assez pour apercevoir du large, au-dessus du bleu intense de la mer, la masse imposante de la cathédrale qui s'élève au-dessus des maisons blanches de la ville; splendide tableau dont le fond est formé par les hautes montagnes derrière lesquelles se cache Grenade. Ici, lecteur, pour changer de tableau, volons jusqu'au pôle Nord, et de là nous ferons le tour du monde.

CHAPITRE X

Versant de l'océan Glacial : le Mackenzie dans l'Amérique anglaise ; l'Obi, l'Iénissei et la Lena en Sibérie ; la Petchora et la Dwina en Russie.

Presque la moitié de l'Amérique septentrionale, c'est-à-dire tous les pays des monts Rocheux au Labrador, y compris la baie d'Hudson, le détroit de Davis, la mer de Baffin et le Groënland, jettent leurs eaux dans l'océan Glacial. C'est un curieux spectacle que ce pôle Nord. Des masses énormes de glaces flottent au loin sur toute la face des mers dont le Groënland est entouré. C'est avec plaisir qu'on voit ces montagnes de glaces représenter à l'imagination tout ce que l'œil a vu sur la terre, et souvent reproduire les ouvrages de l'art. Tantôt c'est une église avec un clocher qu'on se figure voir au loin ; tantôt un château avec ses tours et ses créneaux ; d'autres fois ce sont de grandes îles couvertes de plaines, de vallons, et surtout de montagnes, dont la tête s'élève à six cents pieds au-dessus des eaux. Ces blocs et ces masses, grandes ou petites, se rencontrent sans nombre dans les baies du détroit de Davis, surtout au printemps après une violente tempête qui les a détachées des terres voisines et jetées par pièces dans le détroit, où elles se pressent, se heurtent, se brisent, s'écartent, se rejoignent et s'entassent l'une sur l'autre par l'embarras de passer dans un chemin qu'elles se creusent à l'envi. Ces glaces, flottantes comme des radeaux, occupent quelquefois un espace de 200 lieues de longueur sur 80 de largeur, et, quand les vents ne les séparent pas, elles se suivent de si près qu'un homme pourrait sauter d'une pièce à l'autre. Quand les pêcheurs de baleine ne veulent pas se hasarder au milieu de ces glaces dispersées, ils ancrent leurs vaisseaux à la glace fixe ou même à quelque champ de glace flottante ; mais c'est toujours dangereux, car, si la furie des vagues enflées par la tempête vient à briser ces glaces en morceaux, il s'y forme un tourbillon qui engloutit au centre tous ces débris et même le vaisseau, s'il se trouve aux environs.

L'été n'a point de nuit pour les Groënlandais, car au-dessus du 66e degré le soleil ne se couche point quand il a atteint le signe du Cancer; sous le 64e degré, il ne disparaît qu'à dix heures du soir pour reparaître cinq minutes après. Ce n'est pas qu'il ne reste environ trois heures quarante minutes sous l'horizon; mais comme on voit dans le mois de juin ses rayons toujours dardés ou réfléchis sur la cime des montagnes, on peut dire qu'il n'est pas tout à fait absent. Quoique le soleil ne se couche point au fort de l'été, cependant sa lumière n'est pas aussi vive le soir qu'à midi; mais son éclat baisse insensiblement avec son disque et devient faible comme un clair de lune, au point qu'on peut regarder fixement ses rayons sans en être ébloui.

Par la même raison que le Groënland a des jours sans nuits, il doit avoir des nuits totales et sans mélange de jour. La baie de Disko ne voit point la face du soleil depuis le 30 novembre jusqu'au 12 janvier. On n'a pour suppléer à cette absence qu'un faible crépuscule qui naît de la réflexion des rayons que cet astre laisse tomber sur les hautes montagnes et sur les brouillards épais dont le froid compose l'atmosphère de la zone glaciale. Malgré cet abandon du soleil, les nuits ne sont jamais aussi noires sous le pôle que dans les autres pays; car la lune et les étoiles semblent y redoubler de lumière et de scintillation, et leurs rayons, répercutés par la neige et la glace dont la terre est couverte, jettent une lueur assez vive au milieu de ces nuits froides pour qu'on puisse marcher sans lanternes, et même lire facilement des caractères moyens d'imprimerie. En outre, une lumière continuelle brille dans le nord, avec des nuances et des jeux si variés qu'elle produit un des phénomènes les plus curieux de la nature.

Les Groënlandais ont des tentes pour l'été et des maisons pour l'hiver. Celles-ci, larges de deux brasses, s'étendent depuis 4 jusqu'à 12 mètres de longueur, et n'ont que la hauteur d'un homme. Les murailles sont tapissées en dedans de vieilles peaux, qui ont servi à couvrir des tentes et des bateaux, et qu'on attache avec des clous fabriqués dans des côtes de phoque. Chaque famille a sa chambre, et chaque maison contient depuis trois jusqu'à dix familles. Le phoque est la principale nourriture de ce peuple pêcheur. Ils font dessécher à l'air certaines parties de l'animal, telles que les côtes, pour les servir ainsi sans autre préparation; il en est de même du saumon et autres poissons, qu'on découpe en longues tranches. Lorsqu'ils veulent traiter un Européen avec toute la politesse de leur pays, ils lèchent le morceau qu'il doit manger ; et si l'on refusait une offre si friande, ce serait manquer de civilité.

La principale industrie des Islandais (à 270 kilomètres nord-est du Groënland), comme de tous les peuples du nord de l'Amérique, c'est la pêche de la baleine ou du cachalot, dont la longueur est de 20 à 25 mètres sur 10 à 13 mètres de circonférence, et qui pèse de soixante-dix à cent mille kilogrammes; on extrait de son lard jusqu'à soixante et quatre-vingts quintaux d'une huile très précieuse pour l'industrie. Pour s'emparer d'un ennemi si redoutable, un pêcheur expérimenté, monté sur une barque légère, s'en approche avec précaution pendant son sommeil, et lui lance un harpon près d'une nageoire pectorale. La baleine, surprise, plonge aussitôt, emportant avec elle le fer du harpon, auquel est attachée une immense corde, qui suit l'animal jusqu'au fond de l'eau; bientôt la baleine reparaît à la surface de la mer pour respirer; on la frappe encore, et l'on répète les coups jusqu'à ce qu'elle soit affaiblie et meure. Elle est ensuite traînée au vaisseau ou au rivage, où on la dépèce pour en mettre la graisse dans les tonneaux. Certains peuples se nourrissent de cette chair, et se servent de ses côtes comme de bois de charpente pour la construction de leurs habitations.

Rien n'est plus affreux que le pays dont la baie d'Hudson est environnée. De quelques côtés qu'on jette les regards, on n'aperçoit que des terres incultes et sauvages et des rochers escarpés, qui s'élèvent jusqu'aux nues, entrecoupés de vallées stériles et de profondes ravines, où le soleil ne pénètre point, et que les neiges et les glaçons, qui ne fondent jamais, rendent absolument inaccessibles. La mer n'y est bien libre que depuis le commencement de juillet jusqu'à la fin de septembre; encore y rencontre-t-on quelquefois des glaces d'une énorme grosseur, qui jettent les navigateurs dans le plus grand embarras. Dans les beaux jours de froid où l'air est un peu plus tempéré, on est surpris de la quantité de perdrix et de lièvres qui s'y rassemblent. A la fin d'avril, les oies, les outardes et les canards y arrivent dans la même abondance. Ces oiseaux passent deux mois dans le pays. On donne aux sauvages une livre de poudre et quatre livres de plomb pour vingt oies ou vingt outardes, qu'ils sont obligés d'apporter le soir. Les rennes passent deux fois l'année, et leur premier passage est dans le cours de mars et d'avril. Ces animaux, qui viennent du nord pour aller au sud, sont en si grand nombre qu'ils occupent souvent plus de soixante lieues d'étendue le long des rivières. Les sauvages leur tendent des pièges divers et en prennent des quantités considérables. La pêche est une autre ressource pour les Européens de la baie d'Hudson. On conserve le poisson en le mettant dans la neige; il s'y gèle et ne se corrompt point jusqu'au retour de l'été. La viande même et toutes les espèces de gibier ne se conservent pas autrement. Ainsi, quoique sous un mauvais climat, on n'y manque d'aucune des nécessités de la vie, lorsqu'on y reçoit de l'Europe du pain et du vin. Quoique l'été y soit très court, on y fait de petits jardins qui produisent de bonnes laitues, des choux verts et d'autres herbes, qu'on prend soin de saler pour l'hiver.

Au midi de la baie d'Hudson se trouvent les Sioux et les Assiniboins. Ces Américains habitent dans de grandes prairies, sous des tentes de peau fort bien travaillées; ils vivent de folle-avoine, qui croît en abondance dans leurs marais, et de chasse, surtout d'une espèce de bœufs couverts de laine, qui se rassemblent par milliers dans leurs terres; ils voyagent en troupes à la manière des Tartares et ne s'arrêtent qu'autant que l'abondance de vivres les retient. Presque tous les peuples de cette partie de l'Amérique ont une sorte de gouvernement aristocratique, dont la forme est extrêmement variée. Chaque tribu a son chef séparé, et, dans les affaires qui intéressent toute la nation, ces chefs se réunissent pour en délibérer. Chaque famille a droit de se choisir un conseiller et un assistant du chef, qui doit veiller à ses intérêts, et sans l'avis duquel il n'entreprend rien.

Outre le Mackenzie et la rivière Peel, qui arrosent l'orient des monts Rocheux du centre de l'Amérique anglaise à l'Océan, une foule de rivières parcourent ce pays, se jettent dans les lacs intérieurs, dans les baies et les détroits, et forment ainsi le grand bassin de l'océan Glacial du côté de l'Amérique.

En Asie, c'est presque toute la Sibérie qui y envoie ses eaux par les fleuves l'Obi, l'Iénisséi, la Lena, qui ont chacun plus de 500 lieues de cours, et une foule d'autres rivières importantes. Ce qu'il y a peut-être de plus remarquable dans cette région, surtout pour un étranger, c'est le froid, qui prive de toutes choses un pays de 1,400 lieues de longueur sur 500 de largeur. Cette vaste étendue ne présente qu'un sol triste et désolé, où les terres sont alternativement couvertes de neige, et inondées par le débordement des grands fleuves qui se glacent dans leur course impétueuse; où le printemps même est hérissé de brouillards épais qui se gèlent avec l'haleine des voyageurs; où les sapins en été n'offrent qu'une verdure pâle et sombre, dont la tristesse est encore augmentée par les longs gémissements des vents qui sifflent à travers leur feuillage; où les bords des fleuves et de la mer ne sont parsemés que de branchages morts et de troncs déracinés. Cependant cette contrée renferme de grandes richesses minérales. C'est le lieu d'exil où les czars envoient les criminels d'État. Une autre chose remarquable dans ce pays, c'est l'usage qu'on fait de la glace pour calfeutrer les maisons. Pour peu que les fenêtres d'un logis ne ferment pas hermétiquement, elles ne sauraient suffisamment garantir les chambres du froid extérieur. C'est la rigueur du froid même qui fournit le moyen le plus sûr d'empêcher qu'il ne pénètre dans les habitations. On coupe de la glace bien propre, on en taille des morceaux de la juste grandeur des ouvertures et des fenêtres, et on les y applique par dehors, comme on fait ailleurs de doubles châssis de verre. Pour qu'ils tiennent, on ne fait qu'y verser de l'eau, qui, en se gelant, les attache fortement aux ouvertures.

La ville de Tobolsk, sur l'Irtisch, affluent de l'Obi, est fort peuplée, et les Tartares forment près du quart des habitants. Les autres sont presque tous des Russes, ou exilés pour leurs crimes, ou enfants d'exilés. Comme tout y est à bon marché et qu'un homme d'une condition médiocre peut y vivre avec un modique revenu, la paresse y est excessive. Quand les ouvriers ont gagné quelque chose, ils ne cessent de boire jusqu'à ce que, n'ayant plus rien, ils soient forcés par la faim à revenir au travail. Le bas prix du pain cause en partie ce désordre, et fait que ces ouvriers ne pensent pas à épargner. Deux heures de travail leur donnent de quoi vivre une semaine et satisfaire leur paresse.

Les Samoïèdes et les Ostiaks sont les deux principaux peuples sauvages de la Sibérie. Les Samoïèdes sont pour la plupart d'une taille au-dessous de la moyenne. Leurs tentes, composées de morceaux d'écorces d'arbres cousus ensemble et couverts de quelques peaux de rennes, sont dressées en forme pyramidale et appuyées sur des bâtons de moyenne grosseur. Ils ménagent au haut de cette tente une ouverture pour laisser passage à la fumée et pour augmenter la chaleur en la fermant. Comme il leur est très facile de plier ces tentes, et de les transporter d'un endroit à l'autre par le moyen de leurs rennes, cette manière de se loger est, sans contredit, la plus convenable pour la vie errante qu'ils sont obligés de mener. La chasse en hiver, et la pêche en été, leur fournissent abondamment la nourriture nécessaire. Ils sont également habiles à ces deux exercices; et comme les rennes sont toute leur richesse, ils tâchent d'en prendre et d'en entretenir un grand nombre. Ces animaux conviennent d'autant mieux à la paresse naturelle de ces peuples que leur entretien ne demande aucun soin, et qu'ils cherchent eux-mêmes sous la neige la mousse dont ils se nourrissent.

Les Ostiaks mangent la viande avec des racines et à demi cuite; mais ils mangent le poisson cru, frais ou sec, et ne boivent que de l'eau. Ils paraissent faire grand cas du sang chaud de quelque animal que ce soit. Un morceau de poisson sec trempé dans de l'huile de baleine, ou même un grand verre de cette huile, est pour eux un mets exquis. Quand ils ont tué un ours, ils l'écorchent, lui coupent la tête et la suspendent avec la peau à un arbre, autour duquel ils font plusieurs tours en cérémonie et lui demandent pardon de lui avoir donné la mort. « Qui t'a ôté la vie? » lui demandent-ils tous en chœur; et ils répondent : « Ce sont les Russes. — Qui t'a coupé la tête? — C'est la hache d'un Russe. — Qui t'a ouvert le ventre? — C'est le couteau d'un Russe. — Nous t'en demandons pardon pour lui. » Cette pratique extravagante vient de ce qu'ils croient que l'âme de l'ours, qui est errante dans les bois, pourrait se venger sur eux à la première occasion. Des peaux d'ours, de rennes et d'autres animaux leur servent de vêtements pour l'hiver; en été, ils en ont d'autres provenant de la dépouille de certains poissons.

L'Europe envoie quelques rivières à l'océan Glacial, comme la Petchora, qui vient des monts Ourals, et la Dwina, qui se jette dans la mer Blanche. Ce bassin nous suggère quelques réflexions sur la Laponie et les aurores boréales.

Au nord de la Suède se trouve la Laponie, contrée de l'Europe de toutes la plus septentrionale. Située au delà du cercle polaire, elle est glacée pendant neuf mois de l'année, mais elle éprouve en été des chaleurs excessives. La végétation est peu variée; cependant les mousses, les lichens, divers arbustes à baies et quelques céréales y procurent une nourriture acceptable. Le renne, espèce du genre cerf, est la grande ressource des habitants; son pelage est touffu et s'emploie comme fourrure. Les Lapons ont fait du renne un animal domestique qui rend les plus grands services; ils s'en servent comme de bête de somme, se nourrissent de son lait et de sa chair, et se couvrent de sa peau. Attelé à un traîneau, le renne fait près de 120 kilomètres par jour en hiver. Il se contente pour toute nourriture de quelques bourgeons d'arbres ou de lichen qu'il déterre sous la neige ; l'été on le mène paître en troupeaux sur les montagnes. Les Lapons, qui n'ont guère plus de quatre pieds de hauteur, sont avares, défiants, perfides et très peu civilisés. On les distingue en pasteurs et pêcheurs : ceux-ci sont très misérables et très abrutis. Tous commercent en fourrures, poissons, fromage de renne et jouets d'enfants.

C'est dans ces contrées qu'on voit le magnifique spectacle des aurores boréales. C'est d'abord une lueur vague et blanchâtre qui se répand dans le ciel. Puis un point lumineux se forme, s'étend d'une manière indéterminée, et l'on voit tout à coup de grandes gerbes, de longs glaives, d'immenses fusées; enfin toutes ces formes se confondent, et à leur place paraît une arche lumineuse, d'où tombe une pluie de lumière. Ce sont des apparences fugitives impossibles à décrire et que l'œil peut à peine saisir, tant elles se succèdent, se mêlent et s'effacent rapidement. Rien ne peut donner une idée de tout ce qu'il y a de mobile, de capricieux et d'insaisissable dans cette lumière nocturne. Le merveilleux spectacle semble toujours finir et recommencer, et il est impossible de saisir le passage d'une décoration à l'autre.

CHAPITRE XI

Le bassin de la Baltique : le Niemen en Russie; la Vistule en Pologne; l'Oder en Prusse; le Dal en Suède.

La Baltique, avec ses golfes de Bothnie, de Finlande et de Riga, reçoit toutes les eaux de la Suède, celles des monts Scandinaves, d'une partie de la Russie et de la Prusse, et comprend dans son bassin Saint-Pétersbourg, Berlin et Stockholm, que nous visiterons en passant.

Saint-Pétersbourg, capitale de la Russie, est remarquable par la largeur et la régularité de ses rues, la beauté de ses édifices et la magnificence de ses quais. L'hôtel de l'Académie des beaux-arts est le plus beau monument de la ville. Ce fut en 1703 que Saint-Pétersbourg fut fondée et déclarée capitale à la place de Moscou. Celle-ci offrait jadis un aspect asiatique qui s'efface chaque jour; elle est encore aujourd'hui remarquable par ses innombrables coupoles dorées ou peintes en vert, ses clochers, ses monuments de tous les âges et de toutes les architectures.

Cronstadt, sur le golfe de Finlande, est le boulevard et comme le port de Saint-Pétersbourg. Au commencement de l'hiver, on trace sur la glace le chemin qui conduit de Pétersbourg à Cronstadt; il est indiqué par une allée de guérites bien chauffées, où sont placées des sentinelles qui, dans les temps brumeux, entretiennent des feux de distance en distance et sonnent des cloches, dont le tintement prolongé rassure et guide le voyageur. Un restaurateur est établi vers le milieu de la route. Cette innombrable quantité de personnes de tout âge et de tout sexe, enveloppées dans de vastes pelisses, et glissant avec indifférence sur une surface fragile, qui les sépare de l'abîme, offre à l'habitant des contrées méridionales un spectacle étrange qui jette dans son âme un effroi ignoré des peuples du Nord. Poussés par le vent qui souffle avec force dans cette saison et dirigés par un pilote habile, les canots, que distinguent des agrès variés et des pavillons de diverses couleurs, volent avec une incroyable rapidité, et en moins d'une heure un espace de dix lieues est franchi. Pierre Ier aimait beaucoup ces courses sur la glace, et sa prévoyance avait su leur donner un but utile : poursuivant sans relâche le dessein qu'avait formé son génie de créer des marins, et craignant que dans l'inaction d'un long hiver les hommes qu'il avait initiés aux secrets de la manœuvre des vaisseaux ne perdissent le fruit de ses leçons, il les exerçait ainsi, et, sur un océan solide, les armait de cette expérience qu'ils déployaient encore sur une mer orageuse.

Après Saint-Pétersbourg, ce n'est pas le Niémen qui peut nous intéresser, ce sont plutôt les brigands qui parcourent ces contrées. On les rencontre partout dans les bois, et ils sont répandus dans une grande partie de l'empire russe. Abandonnant terre et foyer, faisant litière de leurs droits civils, ces aventuriers disent adieu à leur famille et s'enfoncent dans l'épaisseur des forêts. Du fond de leurs antres, ils protestent contre le gouvernement, contre la société, contre l'Église. La domination des tzars est, selon eux, l'œuvre du démon; c'est le prince des ténèbres qui s'est assis sur le trône du Palais d'hiver, et les seigneurs de sa cour sont des témoins de mensonge, des anges maudits. Aussi eux, les précurseurs d'un état nouveau, ils fuient ce monde mauvais comme autrefois Abraham quitta la terre des Chaldéens. Ces bandes d'aventuriers sont pour l'empire non seulement une cause d'affaiblissement, mais encore un péril; car l'esprit de révolte dont ils sont animés contre le repos social est l'ennemi le plus dangereux des améliorations et des réformes. Mais souvent vous passez au milieu d'eux sans vous en douter et sans qu'ils vous attaquent. Vous allez de village en village, de hameau en hameau, et une seule chose vous frappe : la monotonie. Les dispositions et les groupes des habitations sont toujours les mêmes. Dans la petite Russie, en Pologne, où coule la Vistule, les villages présentent un gai mélange de blanc et de vert. Tout nouvel habitant peut planter sa tente où il lui plaît, sans autre souci que de mettre sa demeure et son jardin sous l'abri de la clôture commune. Des villages bâtis de la sorte sont nécessairement très étendus; quelques-uns sont aussi grands que des villes. Tous ont une église, dont la flèche élancée et les couleurs brillantes ajoutent au paysage leur charme poétique. A l'exception de cinq ou six grands centres, toutes les villes russes ont comme les villages un caractère commun : c'est un beffroi, une prison, un marché aux poissons, une cathédrale et un bazar. Et comme la plupart sont baignées par une rivière, en aval et en amont s'élèvent des monuments monastiques; un pont de bateaux met en communication les deux rives, et un pauvre faubourg sert d'avenue. Dans le bazar sont les boutiques, cavités profondes pareilles aux vieilles échoppes mauresques de Séville et de Grenade.

A l'ouest de la Vistule, l'Oder, qui prend sa source dans la Cracovie, au nord des monts Carpathes, traverse toute la Prusse du sud au nord et va se jeter dans la Baltique, en laissant Berlin sur sa rive gauche, bien loin dans les plaines du Brandebourg.

En entrant à Berlin par la porte de Brandebourg, il est impossible de n'être pas frappé d'un aspect de force et de grandeur; une longue et large avenue plantée de tilleuls des deux côtés vous conduit au centre de la ville. Le premier monument qui frappe vos regards est l'arsenal avec les statues des généraux les plus célèbres. L'Université vient après, et plus loin on aperçoit le musée, dont la construction récente, magnifique et commode atteste un culte intelligent de l'art. Berlin avec ses rues, ses maisons alignées, a quelque chose des beaux quartiers de Londres, moins l'immense population qui se déploie sur les bords de la Tamise; il faudrait verser cent mille hommes de plus dans la capitale de la Prusse; elle en a besoin, et, telle qu'elle est aujourd'hui, elle peut les contenir.

Le golfe de Finlande reçoit les principales rivières de la Suède, pays très montueux, surtout vers l'ouest, où les monts Dofrines le séparent de la Norvège. Elle est couverte en général de lacs et de marais fort nombreux, et dépourvue de cours d'eau considérables. Les montagnes de la Norvège produisent des bois renommés pour la construction, et qui sont l'objet d'un grand commerce. Le climat de la Suède, généralement moins rude que celui de la Norvège, est toujours un sujet d'étonnement pour l'étranger. La population de la Gothie, grâce à la douceur de la température et à la fertilité du sol, forme à peu près les deux tiers de celle du royaume.

A Stockholm, les plus longs jours et les plus longues nuits sont de dix heures et demie. A Kalix, près de la frontière du Nord, l'hiver dure neuf mois et l'été trois; le soleil ne quitte pas l'horizon dans la saison des plus longs jours, et ne se montre point dans celle des plus longues nuits. En général on respire en Suède un air pur, et l'on n'y éprouve jamais les ravages des maladies contagieuses. La beauté d'un été sec et chaud, qui, dans sa courte durée, voit les frimas disparaître tout à coup, et presque d'heure en heure les plantes se parer de feuilles et de fleurs, fait oublier que le printemps y est inconnu.

Stockholm, la capitale de la Suède, est une ville irrégulière, escarpée, assez mal bâtie; beaucoup de maisons sont en briques ou en bois, et bâties sur pilotis. Importante par son commerce maritime, elle possède un port vaste et sûr, mais de difficile accès. Là, l'Allemand des bords de la Baltique ne retrouve point ces brouillards qui s'étendent sur une grande partie de l'Allemagne; le Français n'y regrette point le climat du nord de la France; il n'y éprouve même pas ces changements brusques et fréquents qui nuisent à l'agrément du séjour de Paris.

CHAPITRE XII

Bassin de la mer du Nord : l'Elbe en Allemagne ; le Rhin de Suisse en Hollande ; l'Escaut et la Meuse en Belgique ; la Tamise en Angleterre.

Après le Rhin, l'Elbe est le plus beau fleuve d'Allemagne. Il prend sa source dans les montagnes de la Bohême, arrose Prague, la Saxe, laisse Leipzig sur sa rive gauche, traverse le Brandebourg à plusieurs lieues à l'ouest de Berlin, tourne à l'est, entre le Hanovre et le Holstein, et se jette dans la mer du Nord, non loin de l'embouchure du Weser. Entre le Rhin et l'Elbe, du Danube jusqu'à la mer, vous voyez un pays couvert de chênes et de sapins et coupé par des montagnes, dont l'aspect est très pittoresque. Mais de vastes bruyères, des sables, des routes souvent négligées, un climat sévère, un soleil pâle, remplissent d'abord l'âme de tristesse et rendent méditatif. Les débris des châteaux forts qu'on aperçoit sur le haut des montagnes, les maisons bâties de terre, les fenêtres étroites, les neiges qui, pendant l'hiver, couvrent les plaines à perte de vue, causent une impression pénible. Je ne sais quoi de silencieux dans la nature et dans les hommes vous resserre le cœur. Il semble que le temps marche là plus lentement qu'ailleurs, que la végétation ne se presse pas plus dans le sol que les idées dans la tête des hommes, et que les sillons réguliers du laboureur y sont tracés sur une terre pesante. Cependant, quand on a surmonté ces sensations premières, le pays et les habitants offrent à l'observation quelque chose d'intéressant et de pratique ; vous sentez que des âmes et des imaginations douces ont embelli ces campagnes. Les grands chemins y sont plantés d'arbres fruitiers, placés là pour rafraîchir le voyageur. L[illegible] embellissent avec une sorte de soin plein de bonhomie. Les maisons sont peintes en dehors de diverses couleurs; on y voit des figures de saints, des ornements de tout genre, dont le goût n'est assurément pas parfait, mais qui varient l'aspect des habitations, et semblent indiquer un désir bienveillant de plaire à ses concitoyens et aux étrangers. L'éclat et la splendeur d'un palais servent à l'amour-propre de celui qui le possède; mais la décoration soignée, la parure et la bonne intention des petites demeures, ont quelque chose d'hospitalier. Dès qu'on s'élève un peu au-dessus de la dernière classe du peuple, on s'aperçoit aisément de cette vie intime, de cette poésie de l'âme qui caractérise les Allemands. Souvent dans de pauvres maisons, noircies par la fumée, vous entendez improviser sur le clavecin, comme les Italiens improvisent en vers. On se fait généralement une idée fausse du caractère allemand. On le croit grave, sans cesse dirigé vers la réflexion, ennemi du plaisir; il n'en est rien. Dans toutes les classes, on aime le plaisir et on recherche les occasions de se le procurer. [illegible] suivez-les dans les [illegible] [illegible] voyez [illegible] [illegible] au genre d'[illegible] [illegible] de bière [illegible] [illegible] galop. [illegible] les environs [illegible] [illegible] de tous côtés de la musique, [illegible] [illegible] dont le contraste avec des [illegible] [illegible]

[illegible] visité la [illegible] et la Forêt-Noire, sur la rive droite du Rhin, qui porte à la mer du Nord les eaux de la moitié de la Suisse, et, par ses affluents, d'une grande partie de l'Allemagne centrale. En remontant la vallée du Rhin, ce génie tutélaire de l'Allemagne, nous nous arrêterons en Suisse, en Alsace, dans le Wurtemberg, et nous le suivrons jusqu'en Hollande, où il a son embouchure, entre Ostende et Amsterdam.

Nous voici en Suisse, pays le plus élevé de l'Europe et d'où les

Alpes projettent leurs ramifications en Italie, en Allemagne et en France. Prenez une gorge ou une vallée au hasard; partout vous serez surpris par la beauté et la variété des sites. Tantôt d'immenses roches pendent en ruines au-dessus de votre tête; tantôt de hautes et bruyantes cascades vous inondent de leurs épais brouillards, ou vous montrent de loin leurs nappes argentées, parsemées des couleurs de l'arc-en-ciel; tantôt un torrent éternel ouvre à vos côtés un abîme dont vos yeux n'osent sonder la profondeur. Quelquefois vous vous perdez dans l'obscurité d'un bois touffu; quelquefois, en sortant d'un gouffre, une agréable prairie réjouit tout à coup vos regards. Un mélange étonnant de la nature sauvage et de la nature cultivée montre partout la main des hommes où l'on eût cru qu'ils n'avaient jamais pénétré. A côté d'une caverne vous trouvez une maison; vous voyez des pampres secs où vous ne cherchiez que des ronces, des vignes dans des terres éboulées, d'excellents fruits sur des rochers, et des champs dans des précipices. Ce n'est pas seulement le travail des hommes qui rend ces pays étranges si bizarrement contrastés; la nature semble encore prendre plaisir à s'y mettre en opposition avec elle-même, en se présentant sous différents aspects dans le même lieu. Au levant, les fleurs du printemps; au midi, les fruits de l'automne; au nord, les glaces de l'hiver. Elle réunit toutes les saisons dans le même instant, tous les climats dans le même lieu, des terrains contraires sur le même sol, et forme l'accord, inconnu ailleurs, des productions des plaines et de celles des Alpes.

Entre le Rhin et la grande chaîne des Vosges, aux flancs couverts de noirs sapins, est située la belle province de l'Alsace, qui fit partie du royaume d'Austrasie et appartint aux rois de France jusqu'au xe siècle. L'empereur d'Allemagne, Othon Ier, s'en empara, et la maison d'Autriche se l'appropria depuis. Louis XIV la réunit à la France, et l'Allemagne l'a prise en 1871. Au milieu s'étend une vaste plaine d'une beauté magique, d'un rapport et d'une fertilité rares. La basse Alsace est surtout agricole et militaire; la haute Alsace est plutôt manufacturière, et elle étale partout les colossales cheminées de ses usines, qui semblent proclamer à leur manière les victoires et les progrès de l'industrie. Colmar peut être considérée comme une des plus attrayantes villes de l'Alsace; le sol y produit le houblon et ces choux monstrueux que ses marchés étalent avec orgueil; de nombreux cours d'eau y alimentent l'industrie cotonnière, et il est difficile de trouver un plus charmant séjour. Mulhouse, sur le canal du Rhône au Rhin, nous donne une parfaite idée de ce qu'est une ville manufacturière et industrielle. On y est frappé de cet aspect général d'une ville où les hautes cheminées des usines dominent tout le reste; où, soir et matin, les ouvriers et les ouvrières, semblables à un essaim d'abeilles, se rendent à l'ouvrage ou retournent à leurs demeures. Belfort, un des boulevards de la France du côté de la Suisse, vous montrera avec orgueil ses trois portes : celle de Strasbourg et celle de Bâle, qui donnent entrée à la vieille ville, et la porte Française, bâtie sous Louis XIV, qui communique à la ville nouvelle, dont les rues sont larges et tirées au cordeau. Cette place forte de première classe est la seule qui nous reste en Alsace.

Rien n'égale en magnificence les bords du Rhin, et Strasbourg, qui tient un des premiers rangs parmi les forteresses de l'Europe, jouit de tous ces paysages ravissants. De quelque part que vous arriviez, la grande merveille qui attire vos regards, c'est la cathédrale, avec sa riche parure et sa flèche qui monte dans les cieux. La tour de Strasbourg était, avant l'achèvement de la cathédrale de Cologne, le point culminant de toutes les constructions humaines éparses dans l'univers. Le dôme de Saint-Pierre de Rome a 2 mètres de moins, la tour de la cathédrale de Vienne 3, et la plus grande des pyramides d'Égypte demeure plus de 4 mètres au-dessous. Faisant corps avec l'édifice jusqu'à 64 mètres du sol, elle se détache hardiment en arrivant à la première plate-forme, et s'élance dans les airs, absolument isolée et sans appui. Cette pyramide se resserre et s'effile d'étage en étage; elle n'est plus bientôt qu'une ligne légère, qui, après avoir été croisée dans sa route par une ligne transversale pour former le symbole, va se terminer enfin par un bouton de pierre à une hauteur de 142 mètres. Si nous remontons la nef par la galerie de gauche, nous arriverons à la chapelle qui renferme l'horloge, chef-d'œuvre de mécanique. Elle se compose de trois parties respectivement consacrées à la mesure du temps, au calendrier et aux mouvements astronomiques. Avant toutes choses, il a fallu construire un moteur central qui communiquât le mouvement à ce vaste mécanisme. Le moteur, qui est à lui seul une horloge complète d'une grande précision, indique sur un cadran extérieur les heures et leurs subdivisions, ainsi que les jours de la semaine; il sonne les heures et les quarts, et met en mouvement diverses figures allégoriques. Une des plus curieuses est le génie placé sur la première balustrade, et qui retourne à chaque heure le sablier qu'il tient dans ses mains. Le chant du coq, qu'on n'avait plus entendu depuis 1789, a été reproduit, et la procession des apôtres, qui a lieu chaque jour à midi, a été ajoutée à cet ensemble de figures qui récréent la vue. Les fêtes mobiles, qui ne semblent réglées par aucune loi continue, sont obtenues par un mécanisme des plus ingénieux. C'est au 31 décembre, à l'heure de minuit, que le jour de Pâques et les autres fêtes mobiles viennent prendre, sur le calendrier, la place qu'ils occupent jusqu'à la fin de l'année.

De la rive gauche du Rhin passons à sa rive droite. Derrière la Forêt-Noire et après avoir traversé le duché de Bade, nous tombons dans le Wurtemberg. Stuttgard, sa jolie capitale, est assise au fond d'une petite vallée, qu'enferment des collines cachées sous des vignobles et semées de maisons de campagne aux murs blancs et aux volets verts. Tout cet aspect est frais et riant. Stuttgard s'accroît tous les jours et s'allonge vers Cannstadt, qui sera bientôt son faubourg, par l'interminable rue du Neckar. Du reste, elle cherche à réparer l'erreur de sa naissance. C'est à une lieue de là que Stuttgard aurait dû être bâtie, à Cannstadt, où les Romains, si habiles à choisir l'emplacement de leurs cités, s'étaient établis. Le Neckar y devient navigable; l'air et l'eau y sont plus salubres, et des sources minérales y attirent de nombreux étrangers. C'est, après Leipzig et Berlin, la cité allemande qui renferme le plus de livres, au moins pour en vendre. On y compte une trentaine d'imprimeries et la seconde librairie de l'Allemagne, celle de Cotta. Parmi ces livres [illegible] bon nombre [illegible] de contrefaçon [illegible] Allemagne que notre littérature [illegible] on s'en occupe même [illegible] [illegible] figure un artiste qui, en [illegible] qu'il le connaissait depuis longtemps [illegible] [illegible] [illegible] trois cent soixante [illegible] architectures [illegible] [illegible] bassins [illegible] de [illegible] lui donnent, d'un certain côté, une [illegible] des eaux vives [illegible] des prairies, des arbres fruitiers [illegible] conservent un caractère [illegible] très séduisant. Sur la place du Vieux-Château on a dressé une statue de Schiller. Ce vieux château, où l'on remarque une vieille tour dans laquelle [illegible] un escalier que l'on peut gravir à cheval, est affecté aux écuries royales et au service accéléré des transports. Un jour de marché à Stuttgard, vous voyez arriver des paysans à [illegible] ou retroussé des deux côtés, culotte jaune avec veste de velours non collante, à gros boutons de métal qui se touchent, une longue redingote courte de taille, aux pans étroits, mais aux poches immenses : de quoi serrer tout un mobilier. Quelques femmes ont des costumes aux couleurs tranchées, des chevelures pendantes en deux longues nattes garnies de rubans. Au demeurant, braves gens et beau pays, où l'on peut encore trouver des mœurs patriarcales.

A Mayence, le Rhin reçoit une rivière qui passe par Francfort et va prendre sa source au nord de la Bavière, non loin de Nuremberg, à qui nous devons l'honneur d'une visite. Quand vous êtes sur la place du Grand-Marché, vos yeux tombent naturellement sur une haute fontaine pyramidale, monument gothique, œuvre renommée de l'art nurembergeois en son meilleur temps. Jadis elle était peinte et dorée; aujourd'hui elle montre à nu ses prophètes, ses héros et ses rois. En face de vous, vous voyez l'église gothique de la Frauenkirche, qui ne manque pas d'originalité. Elle a été construite et décorée de sculptures, il y a cinq cents ans, par les mêmes artistes que la Belle-Fontaine. Charles-Quint en avait fait sa chapelle impériale. Autrefois, les villageois faisaient asseoir leurs enfants devant l'horloge pour voir tourner un mécanisme qu'on appelait la *course aux petits hommes* et comprenant les sept électeurs, qui tournaient autour de Charles IV. Peu à peu le vieux mécanisme s'est rouillé comme la vieille politique, et il ne va plus. Depuis 1816, cette église a été rendue au culte catholique, et on l'a inutilement surchargée de faux ornements, car elle était déjà assez riche en vitraux peints, en beaux autels et en sculptures d'Adam Krafft. Une rue voisine de l'église porte un nom qui éveille des souvenirs poétiques : Hans Sachs, cordonnier de par sa pauvreté, poète de par son talent, y passa presque toute sa longue vie, en bon et honnête homme, tirant assidûment son alène pour nourrir sa famille, tout en improvisant mille sept cents contes ou fabliaux, deux cents drames, des psaumes, des satires de mœurs, en tout plus de six mille pièces. On montre sa maison noire et chétive, qui, par une exception rare, ne porte pas la moindre trace de la vénération de Nuremberg pour ses gloires anciennes : on vend de la bière dans la boutique de l'illustre cordonnier. Nuremberg, bâtie au milieu des sables, avait sans cesse les yeux fixés vers sa belle et riche alliée, Venise, la reine de l'Adriatique. Vers le commencement du XIIe siècle, elle voulut avoir aussi son palais ducal. Ce palais, le Rathhaus, rajeuni et agrandi, est régulier, solennel et lourd. Il avait sans doute un aspect plus sombre au temps où les mères disaient à leurs enfants : « Quand tu passes devant l'église, dis un *Pater;* devant le Rathhaus, dis-en deux. » Les traditions du palais de Nuremberg sont toutes teintes de la poésie sinistre de celles de Venise. Les chroniques parlent de tortures, de supplices affreux que les magistrats faisaient subir, dans les cachots souterrains, aux criminels, aux suspects et aux ennemis de leur pouvoir.

En reprenant le Rhin à Mayence, nous traversons Coblentz et Cologne, et nous arrivons en Hollande, dont le climat brumeux et humide produit de nombreux pâturages. On y cultive avec succès le blé, le lin, la garance, le tabac, et l'horticulture y est poussée à un haut degré de perfection. Ses côtes sont semées d'îles nombreuses qui se partagent en deux groupes : le groupe septentrional, situé à l'entrée du golfe du Zuyderzée et le long de la Frise; le groupe méridional, comprenant les îles formées par les différents bras de l'Escaut, de la Meuse et du Rhin. Le sol de la Hollande est partout au-dessous du niveau de la mer, et n'est défendu contre les inondations de l'Océan que par un ensemble admirable de digues; un vaste système de canalisation, en donnant aux eaux un libre cours, les empêche de s'étendre en marais. C'est un admirable travail que celui des digues de la Hollande; mais c'est un effrayant spectacle que celui d'une mer ouverte, luttant de son poids immense et de la fureur de ses tempêtes contre des amas de fagots recouverts de sable, et menaçant d'une irrémédiable submersion une population de deux millions d'âmes, qui vit aussi rassurée que si elle habitait le sommet du Mont-Blanc ou des Cordillères. Le déplacement d'une fascine, l'ouverture inaperçue d'un trou de rat, peuvent suffire pour amener le mouvement; et si l'on y songe, c'est pour le prévenir, nullement pour s'en effrayer. A dix pieds au-dessous du niveau de la mer, on circule, on mange, on boit, on trafique, on ramasse de l'argent, on rit quelquefois, on fume toujours, sans s'occuper des vagues qui peuvent engloutir ces trésors et éteindre les pipes. Voilà le monde! Il est heureux : qu'il soit ainsi fait! Une des plus belles villes de l'Europe, c'est *la Haye*, sillonnée de nombreux canaux, ornée de belles promenades plantées d'arbres et de rues superbes, parmi lesquelles on mentionne la Pzinzengracht. Très près de cette ville, on voit le Bosc ou le Bois, délicieuse maison de plaisance du roi de Hollande. La Haye n'était, au IXe siècle, qu'un hameau servant de rendez-vous de chasse. En 1250, Guillaume II y fit bâtir un palais. La Haye devint alors le siège du gouvernement de la Hollande. *Amsterdam*, véritable capitale du royaume par son importance et sa richesse, est tout entière bâtie sur pilotis et sillonnée par un grand nombre de canaux, qui la partagent en quatre-vingt-dix îles qu'unissent deux cent quatre-vingts ponts. On y admire un vaste port, de grands magasins et de célèbres chantiers de construction pour la marine. C'est la terre classique de l'érudition, et elle compte parmi ses littérateurs et poètes Érasme, Vondel et Van Heyne, etc.

La mer du Nord reçoit encore les eaux de la Lorraine par la Moselle, affluent du Rhin, et par la Meuse, qui traverse la Belgique. La Flandre y envoie les siennes par l'Escaut, qui traverse aussi la Belgique et va se joindre aux embouchures de la Meuse et du Rhin pour former un groupe d'îles charmantes.

La Moselle, qui prend sa source dans les Vosges, promène ses eaux argentées à travers Épinal, et partage cette ville en trois parties distinctes : la grande ville, la petite ville et le faubourg. Aux environs de la cité, les derniers versants occidentaux des Vosges viennent expirer au bord de la rivière, et font ressortir par leur contraste ses aspects riants et enchantés. Épinal est célèbre par la fabrication des images coloriées, que l'on trouve dans tous nos villages, collées aux murs des plus humbles chaumières.

Sur la rive gauche de la Meurthe, affluent de la Moselle, Nancy occupe une position charmante, et se trouve entourée comme d'un double réseau, d'un côté par le canal de la Marne au Rhin, et de l'autre par le chemin de fer de Paris à Strasbourg. Malgré son peu d'antiquité, Nancy se divise en vieille ville et en ville neuve. C'est dans la première qu'on voit les restes de l'ancien palais des ducs de Lorraine. Les promenades de Nancy méritent une visite. On aime surtout celle dite *la Pépinière,* qui aboutit à la place Stanislas, l'une des plus belles de la cité. Qu'on se figure ces quatre choses : la voie ferrée, le canal de la Marne, le cours de la Meurthe et enfin la route de Nancy à Metz, marchant de front, et l'on aura une idée de l'animation qui donne la vie à ce paysage ravissant.

L'ancienne capitale du royaume d'Austrasie, Metz, aujourd'hui à l'Allemagne, offre une physionomie grave, qui contraste avec celle de Nancy, sa belle et opulente voisine. Nancy a quelque chose de princier; Metz a quelque chose de plus sérieux, de plus commerçant et de plus bourgeois. Ce qui contribue peut-être à donner à celle-ci un aspect plus sévère, c'est sa triple enceinte, qui lui assure, parmi les villes de guerre, le premier rang après Strasbourg. L'arsenal de la ville contenait des armes de toute espèce pour l'armement de cent mille hommes. Aujourd'hui peut-être y en a-t-il davantage. Près de la porte de Saint-Thiébault, à un kilomètre de la gare, s'étend la magnifique promenade de l'Esplanade. Ses bosquets, ses fleurs, ses plantations sont peut-être en leur genre une chose unique dans une ville de guerre. Si on naît confiseur à Verdun, rentier à Nancy, et marin à Brest, à Metz on vient au monde soldat. Il y a, en effet, dans le milieu où nous vivons, une certaine influence de laquelle nous ne saurions nous défendre. Avec ses murs imprenables, son arsenal, son école d'application, ses uniformes militaires, Metz agit puissamment sur l'imagination de l'enfance et la prédispose naturellement à des goûts guerriers. César disait que les Lorrains étaient les plus braves d'entre les Gaulois. Il y a donc, depuis longtemps, dans ce pays de frontières, quelque chose qui souffle la valeur et le courage.

Comme la Moselle à Épinal, la Meuse traverse Verdun, dans un vallon évasé, s'y partage en cinq bras, et forme plusieurs îles d'un aspect charmant. L'évêché de Verdun est, dit-on, le plus beau palais épiscopal de France. Si nous passons au chef-lieu de la Meuse, nous le trouvons principalement bâti sur le penchant d'une colline, où se trouvait le château des ducs de Bar, dont il ne reste plus que quelques édifices, quelques pans de muraille et la tour nouvelle de l'Horloge. Bar-le-Duc descendit peu à peu dans la plaine, où son industrie trouvait un emplacement plus commode. Privée du mouvement que donne le commerce, la ville haute tend de jour en jour à devenir plus déserte; cependant on y jouit, surtout de sa terrasse, d'une vue magnifique sur la riante vallée de l'Ornain. La ville basse forme une gracieuse cité champêtre; les rues en sont larges et bien percées : celles de la Rochelle et des Capucins, que borde une double rangée de tilleuls, excitent surtout l'admiration. Au dehors se voient les belles promenades des Saules et des Pâques. Depuis quelques années, Bar a pris rang parmi les villes manufacturières, et se recommande par ses belles cotonnades, ses tricots de laine et ses corsets sans couture.

Si nous prenons l'Escaut, au nord des montagnes de la Picardie, nous allons traverser la Flandre, qui offre l'aspect d'un immense jardin parfaitement cultivé. Nul pays plus riche en productions agricoles; nulle industrie plus féconde; nulle population mieux faite ni plus robuste. Là, vous trouverez toutes les céréales cultivées en France, la culture en grand du tabac, des exploitations considérables de houille, des filatures, des raffineries de sucre de betterave, des moulins à huile; vous y verrez enfin la pêche de la morue, du hareng et de la baleine. Les villes n'offrent pas moins de curiosités. Les remparts de Lille, larges et bien plantés, offrent une promenade dont l'aspect riant fait contraste avec la sévérité de l'appareil environnant. L'intérieur de la citadelle est occupé par deux rangs de bâtiments, où sont des corps de casernes pour les troupes, des pavillons pour les officiers, et divers magasins. La place d'armes, plantée de plusieurs allées d'arbres, est un vaste parallélogramme d'une extrême régularité, et dont les édifices affectent le genre espagnol. Non loin de Lille, nous trouvons Malplaquet, ville célèbre dans l'histoire par la défaite du maréchal de Villars sous Louis XIV. Cette dernière ville nous rappelle Denain, village situé dans le même pays, où le même Villars remporta la victoire éclatante qui sauva la France, menacée d'une invasion. Cambrai, sur la rive droite de l'Escaut, conserve encore les doux souvenirs de l'illustre Fénelon; mais vous n'y verrez plus le bourdon harmonieux ni les soixante-douze cloches bénies et données par ce pontife si aimable et si éloquent : la révolution n'a respecté que sa tombe, placée dans la cathédrale moderne. Du côté de la mer, voici le port de Dunkerque, qui ouvre ses belles écluses à des navires de toutes les nations septentrionales; c'est aussi, pour le nord de la France, l'entrepôt des vins de Bordeaux et d'Espagne. De ce port sont sortis d'admirables et intrépides marins, à la tête desquels il faut placer Jean Bart, dont la vie anecdotique est connue de tout le monde.

La Belgique, traversée par l'Escaut et la Meuse, nous mène presque au but de notre voyage, dans le bassin de la mer du Nord. Ce pays est généralement plat, excepté dans le Hainaut et la province de Namur, où les Ardennes étendent leurs ramifications. On y trouve beaucoup de marais, et les côtes sont au-dessous du niveau de la mer. Le sol, très maigre dans les provinces de Liége et de Limbourg, est très fertile dans les Flandres et le Hainaut. L'agriculture est florissante et l'industrie développée; mais l'instruction y est moins avancée qu'en Hollande. Les Belges vivent en général dans l'aisance malgré leur forte population; ils ont beaucoup d'affabilité et de franchise, et sont très attachés aux Français, dont ils parlent la langue et auxquels ils ont été réunis pendant près de vingt ans. Leur capitale, Bruxelles, dont plusieurs rues sont très escarpées, renferme, dans sa partie basse, beaucoup de maisons dans le goût gothique. Le quartier voisin du Parc, magnifique promenade ornée de statues en marbre, est composé de rues larges, bien alignées, et de maisons élégamment bâties. La ville est arrosée par plusieurs fontaines, presque toutes embellies de sculptures, et alimentées par un petit lac situé à un tiers de lieue de ses murs. Sur le bord du canal qui communique par le Rupel à l'Escaut, l'Allée-Verte est une charmante promenade, composée de trois avenues longues d'une demi-lieue, dont celle du milieu est réservée aux équipages et aux cavaliers. Tous les jours fréquentée, elle prend, le dimanche, le brillant aspect du Longchamp de Paris. Ses belles allées se prolongent jusqu'au pont de Lacken, à peu de distance du village de ce nom, où les riches Bruxellois ont leurs maisons de campagne, et où le roi possède un parc et un magnifique palais, lieu de sa résidence pendant la belle saison.

L'Angleterre et le Danemark jettent aussi une partie de leurs eaux dans la mer du Nord ; mais ce sont des climats humides, froids et brumeux, où il n'y a guère de cours d'eau considérables, si ce n'est la Tamise en Angleterre. Ici, les brouillards, dont l'air est très souvent chargé, entretiennent une fraîcheur favorable aux pâturages, qui nourrissent des moutons et des chevaux très estimés. La végétation y est assez analogue à celle de la Normandie et de la Flandre : son sol produit en abondance des grains, des fruits et des légumes : ses importantes mines d'étain et ses couches immenses de houille sont comme les nerfs et les muscles de ses manufactures ; le commerce, très actif à l'intérieur, embrasse au dehors toutes les parties du monde ; enfin de nombreuses voies de communication contribuent au développement des richesses et de la puissance britanniques. Londres est la plus grande ville et la plus populeuse de l'Europe ; mais il faut dire qu'elle n'est pas entourée de murs et qu'on y comprend de vastes faubourgs et même des villages contigus à la ville. Elle est régulière et bien bâtie ; presque toutes les rues ont des trottoirs et sont éclairées au gaz. Au nombre des édifices les plus célèbres, nous citerons la cathédrale de Saint-Paul, bâtie sur le modèle de Saint-Pierre de Rome ; la Tour, jadis résidence royale, servant aujourd'hui d'arsenal et de dépôt pour une foule de curiosités et d'objets précieux ; le tunnel ou passage souterrain, creusé sous la Tamise par un ingénieur français ; enfin les squares ou places carrées, au milieu desquelles est un jardin fermé d'une grille. Londres a éprouvé, à diverses reprises, de grands désastres : une famine extraordinaire en 1258, une épidémie qui enleva cent mille personnes en 1665, et, l'année suivante, un incendie terrible qui dévora trente mille maisons. A la suite de ces deux dernières calamités, la ville fut presque entièrement reconstruite, et c'est de cette époque que datent sa beauté et sa régularité.

Le Danemark est partout baigné par la mer, excepté au sud, où il est borné par le Hanovre et le Mecklembourg. C'est un pays généralement ingrat, dans lequel l'industrie et l'agriculture ont fait peu de progrès. Le sol du Jutland est couvert en partie de marais et de bruyères ; mais les îles de l'archipel danois et le Holstein sont plus fertiles, et on y cultive avec succès la garance, le houblon et toute espèce de grains. La capitale, Copenhague, est défendue par vingt-quatre bastions, des fossés remplis d'eau et une forte citadelle. Vue de l'étroite entrée du port, qui peut recevoir cinq cents navires marchands et les vaisseaux de la marine royale, elle présente un aspect magnifique. Dans la vieille ville, séparée de la nouvelle par le nouveau canal, les maisons, quoique bâties en briques et en bois, ont une très belle apparence. L'autre partie comprend les chantiers de construction, le grand magasin de la Compagnie des Indes, le port pour les vaisseaux de guerre et l'église du Sauveur, la plus belle de Copenhague.

CHAPITRE XIII

[illegible] la Méditerranée. — Le Rhône en France; le Tibre et le Pô en Italie; la Barbarie et le Nil en Afrique.

Au sud de la péninsule hispanique est un des plus importants détroits de la terre, le *détroit de Gibraltar*, qui sépare l'Europe et l'Afrique et fait communiquer l'océan Atlantique à la Méditerranée, qui a plus de deux millions et demi de kilomètres carrés.

Quoique cette grande mer intérieure soit découpée en plusieurs sections par les trois péninsules du midi de l'Europe, nous la considérons dans toute son étendue (à l'exception de la mer Noire), et nous voyons que l'Espagne lui envoie ses eaux du nord-est par l'Èbre (voy. chap. IX); la France, toutes ses eaux depuis les Vosges, entre les Alpes et les Cévennes (voy. chap. VIII); enfin l'Italie et la Grèce, projetées dans son sein, sont complètement ses tributaires. Au sud, le Nil (voy. chap. VI) y porte les eaux du centre de l'Afrique; et toute la Barbarie, depuis les monts Atlas, y envoie aussi ses petites rivières. Nous avons déjà parcouru les belles vallées de la France et de l'Espagne. Il nous reste à voir ici l'*Italie* et la *Barbarie*.

Le Pô (650 kilomètres) prend sa source au mont Granero et coule vers l'est, entre les Alpes et les Apennins, en dessinant de nombreuses courbes au milieu d'une des plaines les plus riches de l'Europe (voy. chap. VI). Il reçoit à droite la Trebbia, à gauche le Tessin, l'Adda et le Mincio, et va se jeter dans l'Adriatique, au sud de Venise, ville curieuse que nous visiterons bientôt. L'Adige (340 kilomètres), descendu aussi des Alpes, débouche, ainsi que la Brenta et la Piave, au milieu des mêmes lagunes que le Pô. Au sud de la vallée du Pô, l'Italie est trop étroite pour donner naissance à aucun grand fleuve. Du côté de l'Adriatique, les Apennins ne laissent place qu'à des torrents. A l'ouest, l'Arno, qui baigne Florence, et le Tibre, qui traverse Rome, ne sont célèbres que par des souvenirs historiques. « Figurez-vous, dit Chateaubriand en parlant de la campagne et de l'aspect de Rome, figurez-vous quelque chose de la désolation de Tyr et de Babylone, dont parle l'Écriture; un silence et une solitude aussi vastes que le bruit et le tumulte des hommes qui se pressaient jadis sur ce sol. Vous apercevez çà et là quelques bouts de voies romaines, dans les lieux où il ne passe plus personne, quelques traces desséchées des torrents de l'hiver, qui, vus de loin, ont elles-mêmes l'air de grands chemins battus et fréquentés, et qui ne sont que le lit désert d'une onde orageuse qui s'est écoulée comme le peuple romain. A peine découvrez-vous quelques arbres, mais vous voyez partout des ruines d'aqueducs et de tombeaux, qui semblent être les forêts et les plantes indigènes d'une terre composée de la poussière des morts et des débris des empires. Souvent, dans une grande plaine, j'ai cru voir de riches moissons; j'approchais et ce n'étaient que des herbes flétries. Point d'oiseaux, point de laboureurs, point de mouvements champêtres, point de mugissements de troupeaux, point de villages. Un petit nombre de fermes délabrées se montrent sur la nudité des champs : les fenêtres et les portes en sont fermées : il n'en sort ni fumée, ni bruit, ni habitants. Enfin l'on dirait qu'aucune nation n'a osé succéder aux maîtres du monde dans leur terre natale, et que vous voyez ces champs tels que les a laissés le soc de Cincinnatus ou la dernière charrue romaine. »

L'Italie est pourtant célèbre pour la douceur et la beauté de son climat; la chaleur y est brûlante en été sur les bords de la Méditerranée et dans les plaines de la Lombardie; mais elle est moins forte en général sur la côte orientale. Les Apennins, et à plus forte raison les Alpes, présentent beaucoup de sites très frais et même froids. Malheureusement le *scirocco*, vent délétère qui souffle dans le royaume de Naples; l'*aria cattiva* (air malsain) et les deux volcans du Vésuve et de l'Etna, rendent souvent funeste le séjour de ce pays. Le sol varie, mais il est très fertile dans les plaines du Pô et dans le royaume de Naples, contrée de l'Europe la plus favorisée du ciel. Au pied du Vésuve, dans une campagne très bien cultivée et d'une admirable fertilité, se trouve la vigne célèbre qui produit le *lacryma-christi*, tout à côté des terres dévastées par la lave. On dirait que la nature a fait un dernier effort en ce lieu voisin du volcan, et s'est parée de ses plus beaux dons avant de périr. A mesure que l'on s'élève, on découvre, en se retournant, Naples et l'admirable pays qui l'environne; les rayons du soleil font scintiller la mer comme des pierres précieuses; mais toute la splendeur de la création s'éteint par degrés jusqu'à la terre de cendre et de fumée, qui annonce d'avance l'approche du volcan. A certaine hauteur, les oiseaux ne volent plus, à telle autre les plantes deviennent très rares, puis les insectes mêmes ne trouvent plus rien pour subsister dans cette terre consumée. Enfin tout ce qui a vie disparaît; vous entrez dans l'empire de la mort, et la cendre de cette terre pulvérisée roule seule sous vos pieds mal affermis.

Une autre curiosité de l'Italie, c'est Venise et Rome, surtout Venise, dont l'aspect est plus étonnant qu'agréable. On croit d'abord voir une ville submergée; et la réflexion est nécessaire pour admirer le génie des hommes qui ont conquis cette demeure sur les eaux. Naples est bâtie en amphithéâtre au bord de la mer; mais, Venise étant sur un terrain tout à fait plat, les clochers ressemblent aux mâts d'un vaisseau qui resterait immobile au milieu des ondes. Un sentiment de tristesse s'empare de l'imagination en entrant dans Venise. On prend congé de la végétation; on ne voit pas même une mouche en ce séjour : tous les animaux en sont bannis, et l'homme seul est là pour lutter contre la mer. Dans ces rues, qui sont des canaux, le silence n'est interrompu que par le bruit des avirons. Ce n'est pas la campagne, puisqu'on n'y voit pas un arbre; ce n'est pas la ville, puisqu'on n'y entend aucun mouvement: ce n'est pas même un vaisseau, puisqu'on n'avance pas : c'est une demeure dont l'orage fait une prison; car il y a des moments où l'on ne peut sortir ni de la ville, ni de chez soi.

Quand l'*express* passe sur le grand viaduc qui relie les îlots vénitiens au continent, vous sentez qu'un monde étrange surgit devant vous, surtout à l'heure du soir. A droite et à gauche la terre a disparu, la mer seule vous environne. Il vous semble que vous glissez sur la surface d'un miroir mal poli et d'inégale transparence : c'est la lagune. Cette première vision dure dix minutes, car le gigantesque pont de trois cent vingt-deux arches a près de 4 kilomètres et va jusqu'à l'entrée du Grand-Canal. Là vous débarquez, ou plutôt vous embarquez. Nul bruit, nulle apparence de mouvement : la noire gondole vous attend au bas de l'escalier; vous y prenez place et vous voilà partis à travers les rues, je veux dire les canaux où l'eau jaspée reflète, à droite et à gauche, les palais de marbre qui se dressent fantastiques dans le clair-obscur. Bientôt un roulement sourd vous frappe l'oreille; c'est la haute mer, c'est l'Adriatique, la veuve des doges, qui monte là-bas derrière le Lido et pénètre lentement dans les lagunes. A droite cependant, de grandes îles surmontées de rondeurs et de hérissements vous apparaissent sommeillant dans l'immense lac; devant, à l'horizon, des mâts de navire, le long du quai des Esclavons; plus loin, à la pointe extrême du rivage, troué par de sombres passes, un vague amas de verdure, le Giardino. Vous n'avez que le temps d'embrasser d'un regard circulaire cette mystérieuse perspective: un amoncellement de lumières jaillit à votre gauche, et la gondole atterrit à travers d'innombrables barques, près d'un perron de marbre blanc; c'est l'entrée de la Piazzetta. Voici l'église Saint-Marc, rivale de Sainte-Sophie de Constantinople, le Campanile, le palais ducal, les sept merveilles réunies. Des centaines de candélabres éclairent cette vision d'Orient toute ruisselante d'or et de mosaïques. Ce qui frappe ensuite du haut du Campanile, c'est l'enchevêtrement inextricable des canaux, des rues et des ponts; c'est ce pêle-mêle de maisons, d'eau, de navires, de barques et de piétons qui se croisent et se confondent si bien qu'on ne sait plus si ce sont les barques qui circulent dans les rues ou les hommes qui marchent sur l'eau.

Si vous voulez contempler un tableau d'un autre genre, quand vous serez à Milan, faites l'ascension du dôme de la cathédrale, d'une incomparable beauté, par le fini des détails, l'inépuisable richesse de l'ornementation sculpturale, la multitude des terrasses et l'audacieux élancement de la pyramide centrale. C'est du haut de la plate-forme, par une journée claire de soleil, qu'il faut contempler à l'horizon la chaîne des Alpes avec leurs majestueuses déclivités qui, des cimes rocheuses ou glacées du Viso, du Grand-Paradis, du mont Blanc, du Splügen et autres, descendent de contrefort en contrefort, de gradin en gradin, à travers les forêts de hêtres et de mélèzes, jusqu'à la plaine humide où s'alignent les plants de mûriers, et où étincellent dans la verdure sombre les blanches cités transpadanes. Milan a subi pour sa part une trentaine de sièges, et le Pô s'est enflé des larmes et du sang des peuples riverains. L'accroissement de sa puissance date du grand mouvement qui affranchit les communes. Mais la liberté italienne enfanta de terribles discordes. Ce fut d'abord une lutte à mort contre Pavie, la ville aux cinq cent vingt-cinq tours, qui était alors la ville la plus florissante des cités du Pô. Milan est une cité toute moderne; car la plupart de ses monuments ont péri dans les guerres incessantes qui ont dévasté les plaines lombardes.

Si Turin est remarquable par la régularité de ses constructions; Gênes, par la magnificence de ses palais; Florence, patrie de Michel-Ange, par ses monuments et ses magnifiques collections de beaux-arts, Rome est la ville du monde qui offre le plus de monuments anciens et modernes, et la plus illustre parce qu'elle est et sera toujours la capitale de la chrétienté. Depuis le pontificat de Jules II et de Léon X, elle a été le centre des beaux-arts; et en dehors de précieux restes d'antiquités elle sera toujours digne de curiosité par les chefs-d'œuvre d'architecture, de sculpture et de peinture, répandus avec profusion dans des monuments immortels comme le Vatican et la cathédrale des pontifes. Les restes d'antiquité ont déjà été décrits tant de fois qu'il est difficile de rien dire de neuf à ce sujet; mais il est impossible de les considérer sans faire quelques réflexions. En général, les anciennes statues ont beaucoup de partisans à cause de l'excellence de l'ouvrage, et on est enchanté de voir les visages de gens illustres qu'on connaît par l'histoire. Un autre spectacle curieux, c'est la grande variété de colonnes de marbre dont elle est remplie, et qui ont été tirées d'Égypte ou de Grèce. Sixte-Quint a eu la gloire de faire élever l'obélisque qui est au milieu de la place Saint-Pierre de Rome et celui qui est vis-à-vis de Saint-Jean-de-Latran. Saint Grégoire le Grand ayant vu, sur le *moles Adriani*, un ange qui remettait son épée dans le fourreau, après une grande peste qui avait désolé la ville, ce pont fut nommé depuis *Sant'-Angelo*. De là, en jetant les yeux sur la rivière, on découvre à gauche les ruines du pont [illegible] par-dessus lequel passaient [illegible] pour aller au Capitole. On arrive bientôt à l'église Saint-Pierre, le plus vaste et le plus superbe monument du monde [illegible] plus beau et le plus hardi. Dix papes contribuèrent à l'achèvement de cette célèbre basilique. C'est Jules II qui eut le courage d'entreprendre ce qu'il ne [illegible], et Léon X [illegible] [illegible]. Les [illegible] ne sont rien [illegible] qui surprend; la [illegible] sont si bien [illegible] dans ce vaste ensemble, [illegible] frappé [illegible]; mais quand on [illegible] tes, il paraît dans toute sa magnificence. [illegible] plusieurs gros piliers qui soutiennent une voûte [illegible]; ces piliers forment sept arcades qui sont appuyées [illegible] de marbre violet d'ordre ionique : le devant de la [illegible] est [illegible] de colonnes et d'une balustrade de marbre; au-dessus, des fenêtres carrées font le plus bel effet; et le tout est terminé par une balustrade sur laquelle on a placé la statue de Notre-Seigneur et celle des douze apôtres, qui ont dix-huit pieds de haut. La coupole est sans doute l'objet le plus digne de nos regards : c'est Michel-Ange qui donna le dessin du dôme, et Sixte-Quint exécuta dans vingt-deux mois cet ouvrage extraordinaire et dont rien n'approche. Toute la voûte est peinte en mosaïque par les plus grands maîtres. Urbain VIII a fait élever le grand autel de marbre, dont les colonnes et les ornements paraîtraient gigantesques partout ailleurs que sous le dôme, soutenu lui-même par quatre piliers d'une hauteur effrayante. Quatre anges, plus grands que nature, dominent le grand autel et lui donnent une grande majesté. Les morceaux de sculpture surpassent peut-être tout le reste. La chaire de Saint-Pierre, en bois, est enchâssée dans une autre chaire de bronze doré, environnée de rayons, et soutenue par quatre docteurs de l'Église : saint Ambroise, saint Jérôme, saint Augustin et saint Grégoire, dont les magnifiques statues sont posées sur des piédestaux de marbre. A droite et à gauche de la chaire sont deux superbes mausolées, l'un d'Urbain VIII, l'autre de Paul III. Peu à peu un sentiment sublime vous envahit, votre âme s'élève vers l'infini et vers l'éternité; et vous êtes pleins d'enthousiasme pour le génie de tous ces pontifes qui ont civilisé le monde et qui sauveront encore l'humanité d'une nouvelle barbarie qui menace de nous envahir.

Comme l'Italie, la Grèce est traversée par plusieurs chaînes de montagnes très élevées et le plus souvent entrecoupées de vallées fertiles. Au sud, la chaîne du *Pinde*, célèbre dans l'antiquité, avec le mont Olympe, non moins fameux, borde la plaine de Thessalie et se prolonge à travers toute la Grèce, dans la presqu'île de Morée. Mais la Grèce est trop étroite pour avoir des fleuves remarquables. Cependant elle envoie le *Drin* à l'Adriatique et dans l'Archipel, la *Maritza*, qui arrose la belle plaine d'Andrinople.

Du côté de l'Afrique, la Méditerranée reçoit le Nil (voy. chapitre VI), un des trois plus grands fleuves du monde (6500 kilomètres), et dont on ne connaît pas encore exactement les sources. De grands lacs, situés sur le grand plateau de l'équateur, paraissent être les réservoirs qui alimentent ce fleuve. Stanley a donné des indications plus précises que ses prédécesseurs Speke, Grant, Baker et Livingstone, mais il reste encore des recherches à faire. Ce qu'il y a de certain, c'est qu'il sort de l'extrémité septentrionale du Victoria-Nyanza, reçoit le tribut de deux autres lacs, coule sous différents noms vers le nord, en franchissant par des cascades les terrasses du plateau, reçoit, dans une plaine basse et marécageuse, les eaux du lac Nô et de plusieurs affluents, puis, plus loin, le *Nil Bleu*, qui descend du plateau d'Abyssinie, après avoir traversé le lac Tzana; enfin il descend dans l'Égypte, qu'il féconde de son limon. C'est, pour ainsi dire, le seul fleuve du nord de l'Afrique. Les monts

Atlas n'envoient vers les lacs desséchés et salins du Sahara que des torrents intermittents. La petite rivière du Chéliff mérite seule d'être citée comme tributaire de la Méditerranée.

La chaîne de l'Atlas partage la Barbarie (Alger, Maroc, Tripoli, et Tunis) en deux contrées; celle du nord est fertile et jouit d'un climat agréable; tandis que celle du sud n'offre que des plaines brûlantes, imprégnées de sel, souvent ravagées par des sauterelles. Les montagnes et les déserts sont peuplés d'animaux féroces et de serpents très dangereux. Jules Gérard semble avoir goûté un âpre plaisir à traquer pendant onze années les lions qui dévastaient plusieurs cercles de notre colonie d'Algérie. Il nous a laissé de précieuses indications sur les habitudes du roi des animaux. En général, il se met en embuscade sur les bords des ruisseaux où les animaux viennent boire, s'y cache parmi les roseaux ou les longues herbes de la rive, et, saisissant le moment favorable, s'élance comme la foudre sur sa victime; il peut franchir d'un bond une dizaine de mètres, et continuer pendant quelques instants à s'élancer ainsi de manière à surpasser en vitesse le meilleur cheval. Il sort la nuit de préférence, et, quand il a mangé ou que le temps est à l'orage, il fait entendre son terrible rugissement. Sa force est prodigieuse, et il traîne sans difficulté les plus gros bœufs à de très grandes distances. Les lions étaient autrefois plus nombreux, et on se rappelle que César et Pompée en firent paraître cinq cents à la fois dans le cirque de Rome.

L'Algérie, dont le territoire est d'une fertilité extrême, offre une température élevée, mais rafraîchie par les vents; l'hiver y est fort doux et ne se fait guère sentir que par des pluies abondantes qui durent jusqu'en avril. Alger est bâtie en amphithéâtre, sur le penchant d'une colline au bord de la mer. Quand on parcourt un quartier de cette ville où les Français n'ont point porté le marteau, on croit errer dans les détours étroits d'un labyrinthe; c'est à peine si on peut passer deux de front dans les rues, et dans beaucoup d'endroits les toits opposés se joignent et forment une arcade. Mais la ville s'est beaucoup embellie et assainie depuis qu'elle appartient aux Français; on y a ouvert plusieurs rues et de belles places. Les jours de marché offrent un spectacle vraiment curieux par la diversité des costumes et des figures. Au milieu de ces Maures aux larges turbans, de ces Juifs à l'air rusé, de ces Kabyles à l'air farouche, à la taille gigantesque, l'Européen n'y gâte pas l'harmonie du tableau.

Maroc, dans une belle plaine couverte de palmiers, offre un très bel aspect de loin; mais au dedans les rues sont étroites, sales et hideuses. Le territoire de Tripoli offre des montagnes peu élevées, de faibles cours d'eau et beaucoup de plaines arides; tandis que celui de Tunis est d'une extrême fertilité et produit, en dehors de ses dattes renommées, tous les fruits de l'Europe méridionale et partie de ceux des régions équinoxiales.

Les Algériens paraissent être les descendants des Maures de l'Andalousie, auxquels se mêlèrent les Turcs, qui formèrent la caste guerrière. Ces deux races sont aujourd'hui tellement confondues, que l'œil de l'étranger a peine à en saisir la différence. On compte à Alger un grand nombre de mosquées. A l'entrée, il y a une fontaine où les croyants font leurs ablutions avant de pénétrer dans les lieux saints. Le pavé est couvert de nattes, de roseaux ou de riches tapis. C'est là qu'ils se prosternent pour adorer Dieu, qu'ils reconnaissent grand et tout-puissant.

CHAPITRE XIV

Bassins de la mer Noire et de la mer d'Azov : le Danube en Allemagne et en Turquie ; le Dniéper et le Don en Russie.

La Méditerranée orientale est séparée en deux branches par l'Asie Mineure : celle du sud s'avance jusqu'en Syrie par les côtes de l'Afrique; celle du nord passe par les détroits des Dardanelles et de Constantinople, et va expirer au pied du mont Caucase sous le nom de mer Noire et mer d'Azov. Si l'aspect des rives du Bosphore à Constantinople est enchanteur et dépasse toutes les facultés de l'imagination; si, en admirant ce beau port et ces côtes partout bordées de kiosques et de maisons délicieuses, vous croyez entrer dans la capitale du monde, que votre illusion s'évanouira vite devant la réalité ! Une population misérable; des rues étroites, infectes, à moitié dépavées ; des maisons de bois, petites et basses; des cafés nombreux, où une multitude de fainéants passent leur vie à fumer et à dormir; des tombeaux accumulés dans les intervalles qui séparent les quartiers; d'autres placés dans les endroits même les plus habités; des morts associés aux vivants; une foule d'animaux immondes, rebut de la création, n'appartenant à personne, et qu'on prendrait pour les maîtres des lieux : voilà le spectacle qui partout vous afflige. Les Turcs abandonnent le commerce aux Grecs, aux Arméniens et aux Juifs, et négligent l'agriculture, malgré les avantages d'un sol très fertile et de la plus heureuse des situations. Ils sont universellement étrangers à toute culture intellectuelle, et leur littérature n'est guère qu'une imitation des Persans et des Arabes. En fait de beaux-arts, ils ne réussissent qu'à peindre ou à sculpter la nature inanimée, et à élever de jolies mosquées avec de hardis minarets.

Mais revenons à la mer Noire. Elle reçoit le Danube, le second fleuve de l'Europe (voy. chap. VII); le Dnieper, dont nous décrirons le cours pittoresque; et, par la mer d'Azov, le Don, qu'on appelait autrefois Tanaïs.

Le Danube (2.850 kilomètres), dont nous avons déjà décrit plusieurs sites remarquables, est formé par la réunion de deux ruisseaux de la *Forêt-Noire* et coule vers l'est, au pied du Jura de Souabe et de Franconie. Il recueille au passage l'eau de toutes les rivières qui descendent des hautes vallées des Alpes vers le nord, comme l'Isar, et celle des lacs de la Bavière; à Ratisbonne, il se replie vers le sud-est devant l'obstacle des monts [illegible]; il arrose Vienne par une dérivation récente; puis se replie brusquement vers Bude et Pesth et la grande plaine de Hongrie, reçoit des Alpes orientales la Drave et la Save, et la Theiss venue des Carpathes; franchit la gorge *Portes de fer* entre les Carpathes et les Balkans; et, dans une vaste plaine, forme la limite entre la Bulgarie et la Roumanie; enfin il reçoit le Pruth et se jette dans la mer Noire en formant un vaste delta au milieu d'un pays marécageux.

A l'ouest de la Drave et au delà des monts, il y a une ville, Trieste, ancienne par les souvenirs, mais qui a de d'hier, car il ne reste que des ruines de l'antique cité. C'est un colossal entrepôt, un prodigieux comptoir, un port franc privilégié, [illegible] au point de départ de la route d'eau qui mène de l'Autriche en Orient. Ravagée d'abord au Ve siècle par Attila; byzantine avec les empereurs grecs vainqueurs des Goths; vénitienne au Xe siècle; soumise par les patriarches d'Aquilée au XIIe siècle; autrichienne au XIVe; française à la révolution et sous l'empire; assiégée tour à tour par les Vénitiens, par les Autrichiens, par les Génois, par les Anglais, elle est enfin rendue à l'Autriche. Vue de l'Adriatique, Trieste présente gracieusement au voyageur ses blanches villas échelonnées sur les collines, son château fort aux lignes sévères qui la domine; à sa base, les immenses bâtiments réguliers, arsenaux et magasins, baignant leur pied dans la mer.

Au sud de Trieste, une ville intéressante par bien des côtés, c'est Pisino, capitale et cœur de l'Istrie. C'est à la fois allemand, italien et slave; on peut y étudier à la fois et sur place les mœurs, les races, la statistique agricole et commerciale du pays. C'est surtout à la foire de Pisino qu'on peut voir rassemblés les échantillons variés de la *race slave*, Russes, Polonais, Silésiens, Tchèques et Moraves (du nord); Croates, Esclavons, Goritz, les paysans de Trieste, de l'Istrie, les Dalmates, les Monténégrins, les Serbes et les Bulgares (du sud). Pisino tire tout son caractère de sa situation au bord de la Toïba, qui s'est creusé un lit formidable et s'engouffre en une sombre caverne, où ses eaux disparaissent.

Ici nous quittons la vallée du Danube et nous passons, le long des côtes de la mer Noire, dans ces fertiles vallées demi-circulaires et disposées en amphithéâtre au pied méridional de la Tauride : c'est la Bessarabie, c'est la Crimée, c'est la province de Kiev; c'est enfin la Russie méridionale, qui jouit du climat de l'Asie Mineure et où l'hiver se fait à peine sentir. La Pruth, le Dniester et le Dnieper arrosent cette belle contrée.

Sorti d'un lac, au pied des Carpathes, le Dniester descend de la Galicie, roule avec impétuosité ses eaux jaunâtres à travers des bancs de rochers, et forme près de Jampol une cascade que les bateaux ne peuvent remonter. Plus bas il prend une marche tranquille, et se termine dans un large lac, uni à la mer. Au sud de ce fleuve, s'étend la Bessarabie, qui comprend une partie de la Moldavie à l'est du Pruth. Dans sa partie septentrionale, c'est une suite de collines boisées, couvertes de chênes, de hêtres, de tilleuls, entremêlées de champs de maïs, d'orge et de millet, ainsi que de vignobles et de vergers. A mesure que l'on descend vers les deux fleuves, les collines s'abaissent, les forêts diminuent, mais la contrée conserve toujours sa physionomie agréable.

Le Dnieper arrose trois gouvernements russes, parmi lesquels Kiev et la Tauride ou Crimée; c'est-à-dire la plaine continentale limitée au nord par une enceinte de collines granitiques, qui paraît marquer la dernière terrasse du plateau central de la Russie, depuis les environs de Moscou jusqu'à la mer Noire. C'est en serpentant entre des blocs de granit et des bancs de calcaire ancien que ce fleuve (le Borysthène des anciens) forme ses cataractes et ses tourbillons, parmi lesquels il y en a treize de remarquables; tous disparaissent au printemps pendant les hautes eaux, et on peut alors, avec quelques efforts, remonter le fleuve en canot. Le Dnieper, qui sort d'un marais au pied du plateau de Valdaï, reçoit à droite la Bérésina et le Pripetz, à gauche la Sozna, le Psioul et une foule de moindres rivières. Il est le courant central d'un très grand et très fertile bassin; il communique par des canaux avec les bassins de la Duna et du Niemen; mais ses chutes, le peu de profondeur de quelques-uns de ses affluents, le nombre de moulins flottants dont il est encombré, les glaces qui le couvrent, l'hiver, au nord de Kiev, diminuent son importance commerciale. Ses eaux, comme celles de beaucoup de ses affluents, passant par des bancs de craie et par des marécages, manquent de douceur et de limpidité; mais les esturgeons, les carpes, les brochets, les aloses aiment ses flots troubles. Toutes les îles du Dnieper que les hautes eaux ne couvrent pas fourmillent de serpents; ils produisent des raisins gros comme ceux de Corinthe.

Vers le milieu de son cours, il y a une ville, Kiev, qui de toutes les cités russes de l'intérieur est la plus avantageusement située. Assise sur une chaîne de rochers, elle domine une immense étendue de steppes et un puissant fleuve navigable. Elle est le port et la capitale de l'Ukraine; les Russes du Don, de l'Oural, du Dniester ont les yeux fixés sur elle. De la main droite, elle s'appuie sur la Pologne; de la gauche, sur la Russie. Elle touche à la Galicie et à la Moldavie : elle fait face aux Bulgares, aux Monténégrins et aux Serbes; elle présente un abrégé de toutes les races et de tous les cultes slaves. Si quelque ville de l'Europe réunit les conditions requises pour être la capitale que rêve l'imagination des panslavistes, c'est Kiev assurément. Kiev est la ville des légendes et des faits mémorables. Elle a vu la prédication de saint André, la piété de sainte Olga, la conversion de saint Wladimir, l'assaut des Mongols, la conquête polonaise, la victoire définitive de Pierre le Grand. Les provinces qui entourent Kiev ont eu des destinées communes et réveillent aussi une foule de souvenirs historiques. Chaque village a sa légende, chaque ville son poème épique. Cette chapelle s'élève où le grand duc a été tué; cette éminence est la sépulture d'une horde tartare; sur cette plaine s'est livrée une bataille acharnée contre les Polonais. Au pied de deux hautes collines, à une lieue du vieux Kiev, sur lequel Wladimir, avant sa conversion, dressa la statue de son dieu païen, quelques pieux ermites creusèrent dans la roche friable des corridors et des demeures souterraines; là, modèles de toutes les vertus, ils vécurent et moururent en saints. Au-dessus des cellules qu'habitèrent ces ermites, deux couvents furent successivement élevés; ils reçurent les noms d'Antoine et de Théodosie, devenus plus tard les saints patrons de Kiev, et regardés comme les pères de tous les Russes qui embrassent la vie monastique.

Entre le Dniester et le Bug est assise *Odessa*, brillante création des circonstances, aidées par l'habileté du duc de Richelieu. Cette grande ville, qui doit surtout sa prospérité à la franchise de son port, exporte les blés, les bois, les cires, les peaux de l'Ukraine et en général toutes les marchandises qui descendent les deux fleuves.

Elle importe les vins et les fruits de la Méditerranée, les cuirs et les soieries du Levant, et les autres articles permis du luxe étranger. Entre la ville, bâtie sur un terrain incliné, et le port, qui peut recevoir trois cents navires, une rangée de belles casernes donne au site un aspect imposant.

Un golfe de la mer Noire et un autre de la mer d'Azov, en laissant entre eux un isthme très étroit, limitent du côté septentrional la péninsule de la Crimée, la *Chersonèse Taurique* des anciens, aujourd'hui la Tauride. Vers la pointe occidentale est le port de Sébastopol, grand arsenal maritime et station temporaire de la flotte russe, qui de là peut fondre en vingt-quatre heures sur le Bosphore.

Le pays des Cosaques est arrosé par le Don et ses affluents : parmi ces derniers, le Donetz est le plus considérable, et il a même été regardé comme répondant plus particulièrement au Tanaïs des anciens. Sorti du lac Ivanof, le Don coule d'abord dans un pays de collines fertiles jusqu'à Voronech ; de là jusqu'au confluent du Donetz, il a des falaises de craie à gauche, et plus bas il entre dans une plaine monotone : ni chutes ni rochers n'interrompent son cours : mais quoiqu'il ait dans l'hiver six à sept pieds de profondeur, il couvre à peine en été de deux pieds d'eau les bancs sablonneux : il est donc de peu d'utilité aux bateaux et roule des eaux à peine potables pour les indigènes. On a essayé de le réunir au Volga : mais cette communication serait gênée par la différence du niveau, qui du côté du Don est de cinquante pieds plus haut que celui du Volga. Le Don reçoit de la steppe Caspienne le *Manitche*, dont les eaux presque stagnantes semblent marquer l'emplacement d'un ancien détroit entre la mer Caspienne et la mer d'Azov. Cette dernière, plus justement appelée par les anciens les *Palus-Méotides*, n'est qu'un lac marécageux formé par les eaux du Don et quelques autres rivières, sur un bas-fond sablonneux et, en quelques endroits, fangeux. Ses eaux troubles et saumâtres, mais non pas salées, nourrissent beaucoup de poissons et ne renferment aucun rocher ; mais elles sont basses à une très grande distance du rivage, et les joncs s'y étendent très loin. Le pays des cosaques du Don présente une plaine immense sans la moindre colline et renferme des pays aussi fertiles que l'Ukraine. Mais l'agriculture y est négligée à tel point, qu'il n'y a pas même de limites fixes entre les villages. De vastes terrains incultes les séparent, et le premier venu peut en prendre possession, à l'exception des prairies qui ont été partagées. Le bétail fournit à l'indolent et fier Cosaque les premiers besoins de la vie ; et la pêche est ensuite sa principale ressource, car il exporte chaque année pour 500.000 roubles de poisson. Tous ses soins sont pour son cheval, race petite et maigre, mais très rapide à la course et presque infatigable. Ce sont les femmes qui fabriquent la toile, soignent les jardins et même les vignobles, plus nombreux ici que dans aucune autre province russe. Ce peuple jouit d'une très grande liberté civile et même politique; il fabrique et débite l'eau-de-vie qu'il lui plaît; il n'est assujetti ni à la gabelle ni aux recrutements. Lorsque la couronne les requiert, ils sont obligés de marcher en masse, mais c'est pour eux plutôt une jouissance qu'un devoir. Jamais un Cosaque n'est plus heureux que lorsqu'il est sur son cheval; les combats et le pillage, voilà son élément. Les habitations des Cosaques ont un air de propreté et d'aisance que l'on chercherait en vain dans la plus grande partie de la Russie proprement dite. Une maison blanche, pourvue de cheminées et de fenêtres, invite l'étranger à y entrer pour jouir de l'hospitalité, qui est ici toujours franche et cordiale. Déjà les Cosaques riches commencent à se meubler avec un certain luxe; en même temps ils cherchent à s'instruire et envoient quelquefois leurs enfants à Pétersbourg pour y être élevés.

CHAPITRE XV

Versant de la mer Caspienne : le Volga, le plus long fleuve de l'Europe, en Russie ; l'Oural entre l'Europe et l'Asie.

Entre la mer du Nord, dont nous venons de parcourir le bassin, et la mer Caspienne, s'élève le célèbre mont Caucase, au nord de l'Arménie. Sur les flancs septentrionaux du Caucase, nous trouvons la fameuse nation des Circassiens. Ils vendent dans les montagnes les prisonniers qu'ils font sur les Russes, et ne gardent que les enfants. La plupart sont riches en bestiaux, et surtout en moutons. En hiver, ils tiennent leur bétail près de leurs habitations sur le bord de la Laba, dans des enclos fermés de claies. Au printemps, ils les mènent paître sur les rives de l'Ouroup et le lac salé de Kasma. Les Circassiens de la Kabardie se distinguent par leur beauté et leurs grâces. Ils construisent leurs maisons d'une mince charpente et de claies de buissons peintes en blanc; ils savent y amener avec beaucoup d'adresse, au moyen d'un canal, les eaux de l'un des ruisseaux les plus voisins. De grandes charrues, auxquelles sont attelés six à huit bœufs, sillonnent un sol fertile, et le chanvre y vient sans être semé. Un grand nombre de chèvres, de brebis, de bœufs et de chevaux augmentent les richesses des Circassiens.

Le versant oriental de la chaîne du Caucase, sur le bord de la mer Caspienne, comprend la province de Daghestan, hérissée de sommets élevés, que séparent de profondes vallées couvertes de lacs et sillonnées par des rivières et des torrents. Les côtes, peu découpées, sont très poissonneuses, mais les habitants négligent les avantages qu'ils pourraient retirer de la pêche. En vain possèdent-ils un sol d'une grande fertilité, favorisé dans les plaines et les vallées par un climat très doux; le voisinage des Lesghis nomades arrête l'essor que pourraient prendre chez eux l'industrie et l'agriculture. Ces tribus errantes franchissent les montagnes, enlèvent les hommes, les troupeaux et tout ce qui se trouve dans les régions voisines. Ils emportent leur butin sur des coursiers agiles, et rompent derrière eux les ponts de glace et de neige qui couvrent les précipices du Caucase. C'est dans ce beau pays que, selon Strabon, les habitants voyaient leurs récoltes se renouveler deux ou trois fois l'année. Il y a des endroits où de chaque fente de rocher on voit sortir un cep de vigne; mais ces belles régions sont infestées de reptiles et d'insectes nuisibles.

Nous voici arrivés sur les rivages du Volga et dans l'ancien royaume d'Astrakhan. Ce fleuve, qui s'écoule ici dans la mer Caspienne, a toujours été un grand objet d'étude pour les géographes. Né comme un ruisseau dans les forêts du plateau de Valdaï, le Volga (3.969 kilomètres) traverse les lacs Oselok et Piana, reçoit les eaux du lac Seligher, et devient navigable près Rjef, où il a quatre-vingt-dix pieds de largeur. Il coule ensuite dans une direction orientale, vers Kazan, où, grossi de la Kama, qu'on peut considérer comme un second Volga, il se tourne vers le sud et semble chercher la mer d'Azov; mais, arrêté par des collines, il se tourne vers la mer Caspienne. Près d'Astrakhan, où il embrasse beaucoup d'iles, sa largeur dans les hautes eaux atteint presque cinq lieues. Le vallon du Volga depuis Ostakhof est un bas-fond continuel, bordé de collines de quinze à soixante pieds de haut, qui montrent à découvert les couches d'argile, de marne, de grès et de houille dont les plateaux voisins se composent. Près Nijni-Novogorod, le fleuve a miné son rivage, et les éboulements y entraînent même des édifices considérables. Son cours, quoique en général régulier et calme, s'enfle par les pluies et la fonte des neiges avec tant de promptitude, que ses eaux, en pénétrant dans le lit des rivières affluentes, les font retourner en arrière. Quand il est couvert de glaces dans toute son étendue, vers le sud, il reste toujours des ouvertures fumantes par lesquelles le fleuve semble, pour ainsi dire, respirer. Pendant deux mois, le Volga est un chemin de voitures, et pendant les deux mois opposés un canal de navigation. Plus de cinq mille barques, construites dans les pays boisés du nord de la Russie, descendent ce fleuve chargées de toutes sortes de productions; mais, comme elles remontent plus difficilement, elles sont en très grande partie vendues à Astrakhan : de là l'épuisement des forêts, que le gouvernement cherche à arrêter. Comme le Volga entoure circulairement le plateau central de la Russie et qu'il communique par un canal avec le lac Ladoga et la Neva; comme enfin la Kama lui apporte toutes les eaux de la Russie orientale, ce grand fleuve est la principale route commerciale intérieure de l'empire. La ville d'Astrakhan est, pour ainsi dire, l'Alexandrie de ce Nil de la Scythie; mais ce débouché est placé sur une mer intérieure sans communication avec l'Océan, et bordée par des nations peu civilisées ou peu hospitalières. Le Volga, comme le Danube, ne remplit pas les grandes destinées que son cours imposant semblait lui promettre.

Le pays d'Astrakhan est bien loin de devoir aux inondations du Volga ce que la basse Égypte doit à celles du Nil; son limon n'est pas fertile, ni ses eaux fécondantes. Le terrain qui n'est pas inondé par le Volga consiste en landes peu propres à l'agriculture. L'absence ordinaire de toute pluie est cause que, même sur les bords du fleuve, on est obligé d'arroser artificiellement chaque coin de terre qu'on veut cultiver. Ces bruyères sèches et brûlantes se couvrent cependant au printemps de belles fleurs, d'excellentes herbes, d'asperges, de câpres, de raiforts, de poireaux et de réglisse. Le sol est imprégné de sel, d'un côté, entre le Don, le Volga et le Caucase, et, d'un autre, entre le Volga et l'Oural. Il y a même une montagne qui porte sur son sommet une colline de sel. Quant à la partie vraiment fertile et qui fait la réputation de certaines productions d'Astrakhan, elle ne comprend guère que les terrains bas qui se trouvent le long des fleuves Volga, Oural et Terek. Ces contrées produisent des herbes d'une grandeur démesurée, des citrouilles énormes, des racines, des légumes et des fruits de toute espèce. Tous ces fruits et légumes prennent un immense développement par des arrosements artificiels pendant l'extrême chaleur, qui dure environ deux mois. La ville d'Astrakhan (40.000 habitants) est construite dans une des îles formées par le Volga, et figure assez bien du dehors avec ses nombreuses églises, ses vergers et ses vignobles, ses grands faubourgs et sa citadelle ruinée, appelée kremlin, comme celle de Kazan, de Nijni-Novogorod et de Moscou. Mais, dans l'intérieur, ce n'est pas une belle ville : les maisons de bois y fourmillent; les rues, boueuses et sans pavé, concourent, avec la fange et les poissons croupissants que les inondations du printemps laissent sur les rivages, à y rendre l'air désagréable et même malsain. Le commerce avec la Perse et l'Inde y fleurit, ainsi que l'industrie, dont le principal objet est le coton et le maroquin.

Franchissons la steppe qui sépare le Volga de l'Oural, et nous sommes dans le pays des Cosaques ouraliens. C'est une longue et étroite bande de terrains sablonneux et marécageux qui borde le cours du fleuve Oural. Descendu des montagnes dont il porte le nom, ce fleuve roule ses eaux peu limpides, mais très poissonneuses, dans un lit sans écueils et assez profond pour des barques. Ses solitaires rivages, couverts d'une forêt de roseaux, ne voient plus que des Cosaques à l'époque de la pêche sous la glace; mais c'est un des spectacles les plus curieux. Quelques milliers de pêcheurs y arrivent en traîneaux, chacun muni d'une fourche, de plusieurs perches et d'autres instruments. Ils se rangent sur une ligne immense, et frémissent d'impatience aussi bien que leurs chevaux, dressés à ces courses. A un signal donné, tous s'envolent avec la rapidité du vent, choisissent une place sur le fleuve glacé, y taillent une ouverture et y enfoncent leurs fourches. Une forêt de perches s'élève sur le fleuve; les marchands, accourus jusque de l'intérieur de la Russie, achètent le poisson avant même qu'il soit pris. Mais bientôt les esturgeons et autres palpitent sur la glace. On court vite porter les prémices de la pêche à la cour de Pétersbourg, et la vente à l'intérieur est souvent arrivée à deux millions de roubles. Enrichis par la vente de leur pêche, de leurs bestiaux, de leurs laines, de leurs chevaux et moutons, les Cosaques ouraliens vivent dans la plus grande aisance. Leurs maisons, du moins celles de leur capitale, Ouralsk, aux rues étroites et peu régulières, offrent de la propreté et de la commodité; les étrangers y sont reçus avec la plus grande hospitalité. Ce peuple, aujourd'hui paisible, a eu une histoire orageuse. Sortis des Cosaques doniens, ils s'établirent en brigands sur tout le cours du bas Volga : voyageurs, marchands, ambassadeurs, tous tombaient sous leurs coups. Chassés du Volga par une armée qu'on envoya contre eux, ils pillèrent les bords de la mer Caspienne et détruisirent une ville entière, en dépouillant même les morts. Leur république indépendante, fondée sur les bords de l'Oural, se soumit à la protection de la Russie en conservant ses libertés. Mais leur humeur féroce et leur esprit remuant les firent bientôt se révolter, et ils furent privés de leurs assemblées nationales et de leur artillerie. Ils sont aujourd'hui trente mille. Au confluent du Volga et de la Kama, le gouvernement de Kazan étend ses plaines fertiles en seigle, en orge, en blé sarrasin, en millet et en chanvre. Les forêts à l'ouest et au sud du Volga renferment encore beaucoup de chênes, dont le cœur n'est pas toujours sain. Passez le fleuve, et vous vous trouvez environné de pins et de bouleaux. Le lin souffre déjà de la rigueur du climat, et les vergers ne donnent que des pommes et des cerises communes;

vous êtes entré dans la Russie septentrionale; mais ce n'est pas l'excès des froids qui vous en fait ressouvenir, c'est plutôt leur durée, ainsi que la fraîcheur des printemps et le retour fréquent de la gelée matinale. La ville de Kazan (50.000 habitants), du haut des collines où elle est bâtie, vous présente d'une manière imposante son kremlin, ses quatre cathédrales et cinquante-quatre églises, ses quatre couvents et ses dix mosquées. Les flots débordés du Volga couvrent au printemps les prairies qui la bordent de trois côtés : elle semble alors nager dans une mer. Le kremlin, situé sur la partie la plus élevée, renferme le palais du gouverneur et celui de l'archevêque, la chancellerie et les casernes, et de jolies maisons nouvellement construites. La partie basse offre des maisons de bois, des rues pavées en bois et tous les inconvénients ordinaires des villes russes; mais il y a beaucoup d'industrie. La fabrication des cuirs de Russie, de peaux de bouc maroquinées et de savon, enrichit la bourgeoisie russe et tatare.

CHAPITRE XVI

Versant de l'océan Pacifique : l'Amour, le fleuve Jaune et le fleuve Bleu en Chine.

Les plus grandes plaines de la Chine se trouvent entre les deux plus considérables de ses fleuves, le Hoang-ho ou fleuve Jaune et le Yang-tsé-kiang ou fleuve Bleu. Le fleuve Jaune doit ce nom au limon qu'il charrie, et qui dans le temps des inondations donne à ses eaux une couleur dorée. Ses sources paraissent être deux lacs situés dans le pays des Mongols; mais, selon d'Anville, on peut regarder une rivière qui s'écoule dans le plus occidental de ces lacs comme le commencement de ce fleuve. C'est-à-dire, ici, comme dans le Nil, le Rhin et le Rhône, on voit que rien n'est incertain et difficile comme la détermination des sources des grands fleuves. Quoi qu'il en soit, il paraît certain que le fleuve Jaune, après un cours assez long dans une large vallée, forme les lacs Dzareng et Oreng. Son cours est très sinueux; ainsi, après avoir d'abord coulé de l'ouest à l'est, il se dirige vers le nord jusque dans la Mongolie, où il reprend sa première direction, rentre en Chine en coulant du nord au sud, et se dirige ensuite à l'est, vers la mer Jaune, où il se jette après un cours de 900 lieues. Les ravages que causent ses débordements ont nécessité de tout temps de grands travaux pour retenir ses eaux dans son lit.

Le fleuve Bleu prend son origine dans le nord du Thibet, près le désert de Kobi, où il n'est séparé des sources du fleuve Jaune que par une petite chaîne de montagnes. Il est formé de plusieurs rivières, dont la plus éloignée de son embouchure, celle que l'on doit regarder comme sa véritable origine, a 385 lieues de cours; en l'ajoutant aux 664 lieues que parcourt le reste du fleuve, on a une longueur de 1050 lieues. Il a 7 lieues de largeur à son embouchure, et la marée s'y fait sentir jusqu'à 150 lieues dans l'intérieur des terres.

Ces deux grands fleuves, jumeaux par leur naissance et par leurs destinées, descendent rapidement des grands plateaux de l'Asie centrale, et rencontrent chacun une branche de montagnes qui les force en même temps de faire un immense détour, l'un vers le nord, l'autre vers le midi. Séparés par un intervalle de 400 lieues, l'un semble chercher les mers du tropique, tandis que l'autre s'égare dans les déserts glacés de la Mongolie. Soudain, comme rappelés par le souvenir de leur ancienne fraternité, ils se rapprochent, se cherchent, et serpentent ensemble dans les plaines d'une nouvelle Mésopotamie, où, après s'être presque réunis au moyen des canaux et des lacs, ils terminent en même temps, dans un intervalle de 40 lieues, leur cours majestueux et immense. Outre les affluents signalés déjà parmi les rivières tributaires, il y en a encore d'autres qui égalent en importance certains fleuves de l'Europe.

Une multitude de fleuves et de rivières procurent aux Chinois des avantages incalculables pour l'agriculture et la navigation intérieure; mais l'eau considérée comme boisson est rarement bonne en Chine, car les rivières, descendant trop rapidement des montagnes escarpées, entraînent beaucoup de débris minéraux et serpentent ensuite avec trop de lenteur sur un sol marécageux.

L'attention du gouvernement chinois, comme celle des anciens Romains, s'étend aux grands chemins de l'empire. Une infinité d'hommes sont continuellement employés à les rendre unis, et souvent à les paver, surtout dans les provinces méridionales, où les chevaux et les chariots ne sont pas en usage. Ces chemins sont ordinairement fort larges et si bien sablés, qu'ils sèchent aussitôt qu'il a cessé de pleuvoir. Les Chinois ont ouvert des routes par-dessus les plus hautes montagnes, en coupant les rochers et en comblant de profondes vallées. Dans quelques provinces, les grands chemins sont autant de belles allées bordées d'arbres fort hauts, et quelquefois de murs de deux à trois mètres de haut pour empêcher les voyageurs de passer à cheval dans les terres.

Outre les chemins, la Chine est remplie de canaux dont la longueur et la commodité étonnent le voyageur. On trouve le long des rivières un sentier pour les gens à pied, et les canaux sont bordés d'un quai de pierres. Dans les cantons humides, on a construit de longues chaussées pour la facilité des passants et de ceux qui tirent les barques. D'espace en espace, les canaux sont couverts de ponts à trois, cinq ou sept arches, sous lesquelles les barques peuvent passer sans abaisser les mâts. Ces canaux se déchargent des deux côtés dans d'autres plus petits, qui, se subdivisant en quantité de ruisseaux, communiquent aussi à la plupart des villes et des bourgs. Le fameux canal impérial, dont le nom revient si souvent dans les relations des voyageurs, traverse tout l'empire, du nord au sud. On a commencé à le former par la jonction de plusieurs rivières; mais, dans les lieux où les rivières manquent, on n'a pas laissé de le continuer en perçant les montagnes et les rochers, qui n'étaient pas assez nombreux pour causer des embarras insurmontables. Ainsi, par le moyen de rivières et de canaux, on peut voyager fort commodément de Pékin jusqu'aux dernières extrémités de l'empire, c'est-à-dire l'espace d'environ 600 lieues.

Pékin, capitale de tout l'empire, est situé dans une vaste plaine à 47 kilomètres au sud de la grande muraille. Une avenue de 6 kilomètres, pavée de grosses dalles de granit, y conduit du côté de l'est, et un arc de triomphe superbe en indique l'arrivée. On y distingue deux vastes parties, la ville impériale et la vieille ville, environnées ensemble d'une haute muraille. Les rues de la ville impériale sont larges, longues, droites et très propres; les principales ont 40 mètres de largeur, et il en est une de 60 mètres. La magnificence des Chinois éclate dans leurs ouvrages publics, tels que les fortifications des villes, des forts et des châteaux, les salles de leurs ancêtres, les tours et les arcs de triomphe.

On compte environ trois mille tours le long de la grande muraille, le monument le plus curieux de l'empire chinois. Tout ce que l'œil peut embrasser à la fois de cette muraille fortifiée, prolongée sur la chaîne des montagnes et sur les sommets les plus élevés, descendant dans les plus profondes vallées, traversant les rivières par des arches qui la soutiennent, doublée, triplée en plusieurs endroits, pour rendre les passages plus difficiles, et ayant des tours ou de forts bastions à peu près de cent pas en cent pas, tout cet ensemble présente à l'esprit l'idée d'une entreprise gigantesque. Cette prodigieuse fortification a, dit-on, près de 800 lieues de long; elle a été bâtie avec tant de soin et d'habileté qu'elle se conserve entière depuis deux mille ans, et elle paraît aussi peu susceptible de dégradation que les boulevards de rochers que la nature a élevés elle-même entre la Chine et la Tartarie. Indépendamment des moyens de défense que la grande muraille fournissait en temps de guerre, elle n'était pas sans utilité pour écarter des provinces les plus fertiles de la Chine les bêtes féroces qui infestent les déserts de la Tartarie, non plus que pour fixer les limites des deux pays. Elle est devenue d'une bien moindre importance depuis que les deux pays qu'elle sépare sont soumis au même prince. Un voyageur anglais rapporte que cette muraille fut commencée et achevée dans l'espace de cinq ans, et que les ouvriers étaient si près les uns des autres, qu'ils pouvaient se passer les matériaux de main en main. L'empereur qui a entrepris ce gigantesque travail mérite cent fois plus d'éloges que le prince qui a fait bâtir les pyramides d'Égypte, s'il est vrai que l'on doive préférer les entreprises utiles à celles qui n'ont d'autre objet que de satisfaire la vanité.

La littérature chinoise est riche et variée, surtout en fait d'histoire, de romans et de pièces de théâtre; nulle part les livres ne sont plus nombreux et à meilleur marché. Les lettrés, au nombre de cinq cent mille environ, forment, avec les officiers militaires, la noblesse de l'État. Ils ne reçoivent ce titre de lettré qu'après un examen; eux seuls ont le droit de prétendre aux emplois publics et au titre de mandarin. Les Chinois lettrés ont été anoblis dans la seule vue d'encourager l'application à l'étude et le goût des sciences, dont les principales à la Chine sont l'histoire, la jurisprudence et la morale, comme celles qui ont le plus d'influence sur la paix et le bonheur de la société. Le peuple ne doit sa subsistance qu'à un travail assidu; aussi ne connaît-on pas de nation plus laborieuse et plus sobre. Les Chinois sont endurcis au travail dès l'enfance; après avoir travaillé toute la journée, les jambes dans l'eau jusqu'aux genoux, ils se trouvent fort heureux le soir d'avoir pour leur souper un peu de riz cuit à l'eau, un potage d'herbes et un peu de thé. Ils ne rejettent aucun moyen pour gagner leur vie. Comme on aurait peine à trouver dans tout l'empire un endroit sans culture, il n'y a personne qui n'ait de la facilité à subsister. Il n'y a rien où les Chinois mettent plus de scrupule que dans les cérémonies et les civilités dont ils usent; ils sont persuadés qu'une grande attention à remplir tous les devoirs de la vie civile sert beaucoup à corriger la rudesse naturelle, à donner de la douceur au caractère, à maintenir la paix, l'ordre et la subordination dans un État.

Une autre particularité de ce peuple, ce sont les honneurs rendus à l'agriculture par le gouvernement chinois. Chaque année, le quinzième jour de la première lune, c'est-à-dire les premiers jours de mars, l'empereur fait en personne la cérémonie de l'ouverture des terres. Les princes de la famille impériale, les présidents des cinq grands tribunaux et un nombre infini de mandarins accompagnent le souverain au champ destiné à la cérémonie. Deux côtés de ce champ sont bordés par les officiers et la maison de l'empereur;

le troisième est occupé par divers mandarins; le quatrième est réservé à tous les laboureurs de la province, qui accourent pour voir leur art honoré et pratiqué par le chef de l'empire. L'empereur entre seul dans le champ, se prosterne et appuie neuf fois la tête contre terre pour adorer le *Thian*, le Dieu du ciel; il prononce à haute voix une prière réglée par le tribunal des rites, et invoque la bénédiction céleste sur son travail et sur celui de tout son peuple. Ensuite il immole un bœuf, et, pendant qu'on offre la victime sur l'autel, on amène à l'empereur une charrue attelée d'une paire de bœufs magnifiquement ornés. Le prince ouvre personnellement plusieurs sillons et remet la charrue à des mandarins qui rivalisent aussi de dextérité. La cérémonie se termine par une distribution d'argent et de pièces d'étoffes dont on fait cadeau aux laboureurs présents; les plus habiles d'entre eux exécutent le reste du labourage en présence de l'empereur, qui plus tard vient semer avec la même cérémonie et en présence des laboureurs.

La propriété des terres est regardée comme relevant de l'empereur par droit absolu; mais le sous-propriétaire ou premier tenancier n'en est jamais expulsé tant qu'il continue de payer le dixième environ du produit. S'il arrive que l'on a plus de terres que la famille n'en peut cultiver, on cède l'excédent à un autre pour la moitié du produit, mais on garde l'obligation de payer la totalité des taxes. Le plus grand nombre de paysans pauvres cultive la terre à ces conditions. Tous les Chinois ont un droit égal à la jouissance libre et non interrompue de la mer, des côtes, des lacs et des rivières. La chasse et la pêche ne sont point affermées.

Dans la plupart des provinces, les montagnes même les plus escarpées sont rendues praticables et fertiles; on les voit coupées en terrasses représentant de loin des pyramides immenses, divisées en plusieurs étages, qui semblent s'élever au ciel; et ce qu'il y a de plus digne d'admiration, c'est de voir l'eau de la rivière, du canal ou de la fontaine qui coule au pied de la montagne, élevée de terrasse en terrasse jusqu'à son sommet, par le moyen d'un chapelet portatif, que deux hommes seuls transportent et font mouvoir. On creuse aussi des réservoirs sur le sommet des montagnes, et l'eau de pluie qui s'y rassemble descend ensuite par différentes rigoles pour en arroser les flancs. Dans les parties trop escarpées ou trop stériles, on plante des pins et des mélèzes. Dans les provinces les plus peuplées, on met à profit jusqu'aux lacs et aux étangs, en y semant des plantes aquatiques nutritives, telles que des tubercules de sagittaire. La manière dont les habitations des paysans sont disposées contribue puissamment à l'état florissant de l'agriculture :

elles sont toutes éparses au lieu d'être réunies en villages. On n'y voit ni clôtures, ni portes, ni aucune précaution contre les bêtes sauvages et les voleurs.

Au nord-est de l'empire et aux confins de la Sibérie, coule le fleuve Amour, qui prend sa source en Mongolie, dans les monts Kentaï. Après un cours de 675 lieues, il se jette dans la mer d'Okhotsk, en formant un grand golfe fermé à l'est par les rivages de l'île Séghalien, et qui communique au midi avec la mer de Corée par une étroite ouverture. Les herbes marines en cachent en quelque sorte l'embouchure. Profond, tranquille, il ne présente aucun obstacle à la navigation: il ne renferme ni rochers ni bas-fonds, et ses rives sont bordées de forêts magnifiques. Toutes les rivières de quelque importance qui arrosent la Mantchourie sont des affluents de l'Amour, à l'exception du Liao-ho, fleuve d'environ 180 lieues.

Le sol de la Mantchourie est presque partout fertile, et le voyageur reste étonné de la brillante verdure dont se parent les côtes orientales. « Nous rencontrâmes à chaque pas, dit Lapérouse, des roses, des lis, des muguets; nous recueillîmes en grande abondance des oignons, du céleri, de l'oseille, et d'autres plantes pareilles à celles de nos prairies; les pins couronnaient le sommet des montagnes; les chênes commençaient à mi-côte; les bords des ruisseaux étaient plantés de saules, de bouleaux, d'érables, et sur la lisière des grands bois on voyait des pommiers, des azeroliers en fleur, avec des massifs de noisetiers. » Les pâturages qui bordent les rivières et tapissent les flancs des montagnes nourrissent des chevaux, des bœufs et des moutons; le soin de ces animaux constitue la principale occupation des habitants; leur nombre forme leur principale richesse, surtout dans la partie méridionale. Dans le nord, c'est le renne qui remplace le cheval, et quelquefois aussi c'est le chien, comme dans la Sibérie orientale. La différence de climat qui existe entre les provinces devient encore plus grande par l'influence qu'exercent nécessairement les montagnes de l'Asie centrale, d'où le froid doit souvent se répandre sur les contrées voisines. D'un autre côté, la proximité d'un immense océan doit modifier le climat et les saisons des provinces maritimes. Les extrêmes de froid et de chaleur sont beaucoup plus grands à Pékin qu'à Madrid, quoique la latitude soit à peu près la même. La violence des vents y est souvent très grande; au printemps et dans l'automne, ils se lèvent et se couchent avec le soleil; ils apportent très souvent une poussière jaune très abondante, qui ressemble à une pluie de soufre; c'est probablement la poussière des fleurs de pins et de sapins qui se trouvent dans le voisinage de la ville. Les pluies y sont fort rares en hiver; il ne tombe alors que de la neige en petite quantité. On aperçoit assez souvent à Pékin des aurores boréales et plusieurs autres phénomènes lumineux.

Ne quittons pas ce pays sans parler de la religion de la Chine, qui paraît avoir été d'abord le sabéisme, dont le principe est l'adoration des astres et du firmament. Cette ancienne religion a été étouffée par les diverses sectes qu'on y avait entées. Celle de Confucius a obtenu la préférence chez les hommes d'État; mais la multitude, peu contente de ces rêveries abstraites, reçut avec empressement les apôtres du bouddhisme. Leur doctrine, modifiée sous le nom de religion de *Fo*, est devenue celle de la majorité des Chinois. On croit que dans la haute antiquité le dogme de l'existence d'un Dieu tout-puissant et rémunérateur n'en était pas exclu, et divers passages de Confucius donnent lieu de croire que ce sage l'admettait lui-même. Mais le peu de soin qu'il a mis à l'inculquer à ses disciples, le sens vague des expressions qu'il a employées, et le soin qu'il a eu d'appuyer exclusivement ses idées de morale et de justice sur le principe de l'amour de l'ordre et d'une conformité mal définie avec les vues du *ciel* et la marche de la nature, ont permis aux philosophes qui l'ont suivi de s'égarer, au point que plusieurs d'entre eux, depuis le douzième siècle de notre ère, sont tombés dans un véritable spinosisme, et ont enseigné, en s'appuyant toujours de l'autorité de leur maître, un système qui tient du matérialisme et qui dégénère en athéisme.

Le bouddhisme est rempli de superstitions analogues au caractère craintif et naturellement pusillanime des Orientaux. Les prêtres de Fo s'appellent bonzes. Des cloches, des lampes, des salutations, et plusieurs autres traits du rituel chinois, semblent rendre probable l'opinion que les nestoriens répandus en Chine, au VIIIe siècle, y ont introduit quelques cérémonies défigurées du culte chrétien. Mais une originalité remarquable dans le culte chinois, c'est que les bonzes ne croient point offenser leurs idoles en faisant dresser, de chaque côté de leurs autels, des tables pour déjeuner. Et il n'y a rien de plus ordinaire en Chine que de voir, dans un temple, la bonne compagnie boire du thé, ou prendre d'autres rafraîchissements, tandis que de petits bâtons de bois odoriférant brûlent sous le nez de leur dieu.

CHAPITRE XVII

Versant de l'océan Indien : l'Indus et le Gange dans l'Hindoustan ; le Tigre et l'Euphrate en Asie Mineure ; le Zambèze en Afrique.

L'Inde ou Hindoustan doit en grande partie la fertilité de son sol à la quantité de fleuves, de rivières et de torrents qui l'arrosent et dont l'aspect est des plus imposants. D'abord, se précipitant d'une hauteur prodigieuse, nourries de toutes les neiges de l'Asie centrale, les rivières de l'Inde ressemblent déjà par leur volume d'eau à nos plus grands fleuves, aux lieux mêmes où elles conservent encore la marche impétueuse de nos torrents de montagnes. La réunion de ces fleuves produit un choc épouvantable, un combat des flots contre les flots. Plus loin, arrivés dans les plaines, ces énormes courants d'eau se creusent des lits de plusieurs lieues de largeur, et l'œil du navigateur embrasse à peine les deux rivages, couronnés de palmiers, de temples et de palais. Une brise agréable, qui suit le cours du fleuve, en agite mollement les eaux transparentes; une force irrésistible, et pourtant insensible, entraîne rapidement les milliers de barques qui animent cette vaste et tranquille surface. Enfin la marée, facilement admise dans ces larges canaux, force le fleuve à rétrograder, et quelquefois avec violence; alors une montagne d'eau, roulant en arrière, menace les bateaux et lutte longtemps contre le fleuve qui se trouble et se couvre d'écume.

L'Indus, d'après les rapports les plus récents, prend sa source dans le petit Thibet, au pied du mont Kaïlas, sur le versant septentrional du gigantesque Himalaya. Sous le nom de Sind, il court d'abord au nord, augmenté de la rivière qui passe par la ville de Ladak; et après avoir pris le nom de Sampo, il franchit l'Himalaya, arrose le royaume de Lahore, traverse plusieurs villes et l'extrémité occidentale du grand marais de Roun et contribue à former la grande île de Katch. Après avoir recueilli un nombre considérable d'affluents, il descend dans le golfe d'Oman après avoir parcouru une étendue de 600 lieues.

Le Gange, dont les eaux sont regardées comme sacrées, doit son origine à deux branches, dont l'une prend naissance à l'Himalaya, et l'autre, le Daouli, vient de beaucoup plus loin et est regardé comme la source principale. Cependant les pèlerins hindous vont puiser les eaux sacrées au pied de l'Himalaya, où le Gange en tombant d'une hauteur de six pieds a creusé un grand bassin nommé *la Bouche de la Vache*. Le Gange entre dans la plaine immense de l'Hindoustan, traverse une infinité de provinces, et forme, en se jetant dans la mer du Bengale, un delta immense, composé d'un grand nombre de branches, sur lesquelles sont bâties plusieurs villes importantes. Une de ses branches principales, c'est l'Hougli, toujours navigable et révéré des brahmanes, qui jurent par ses eaux comme les musulmans jurent par le Coran. L'Hougli passe à Calcutta et à Chandernagor. Quant au Gange proprement dit, il passe plus à l'orient et confond ses eaux avec celles du Brahmapoutre.

Les crues périodiques du Gange, semblables à celles du Nil, commencent à la fin d'avril, et, après avoir inondé lentement les campagnes voisines à 30 lieues, il rentre avec calme dans son lit ordinaire vers le mois d'octobre. Les bienfaits que répand ce fleuve, la salubrité de ses eaux, l'aspect majestueux qu'il présente, ont sans doute entraîné peu à peu l'Inde ignorante et superstitieuse à lui rendre les honneurs divins.

L'Inde ne connaît que deux saisons, la sèche et la pluvieuse, produites par les moussons ou vents réguliers. Dans la première, une langueur mortelle s'empare de toute la végétation, surtout quand elle dure trop longtemps; mais aussi une pluie d'une seule nuit suffit pour couvrir de verdure et changer en une belle prairie une plaine aride où la veille vous n'aperceviez pas un brin d'herbe. La saison pluvieuse commence en avril ou en mai dans l'intérieur et sur les côtes orientales de l'Inde. Sur la côte de Coromandel, elle commence plus tard, parce que les monts Ghattes arrêtent les vents et les nuages du sud-ouest. Dans le Bengale, les pluies durent plusieurs jours sans discontinuer. La fin de cette saison est marquée par les changements de vents et la violence des orages et des ouragans. Sur la côte de Malabar, les tempêtes sont plus violentes que sur celle de Coromandel. Bernier a observé que les pluies ne viennent pas de la même région dans toutes les parties de l'Inde. A

Delhi, elle arrive de l'est; du côté du sud, au Bengale et sur la côte de Coromandel; et de l'ouest, sur la côte de Malabar.

Le riz est la principale nourriture du frugal Indien; cependant on y voit aussi le froment, l'orge, le maïs et le millet, et on connaît nos légumes farineux : les pois, les fèves, les lentilles et bien d'autres que l'Europe ne produit pas, tels que le *moung*, dont les graines, semblables à celles de la moutarde, servent à faire des gâteaux : le *toll*, arbuste produisant des pois, qui après le riz forment la nourriture favorite des marins. Les melons sont très communs, et, au lieu de notre pomme de terre, l'Indien a l'*igname*, qui pèse souvent plusieurs livres. Le pavot oriental, dont on tire l'opium, prospère partout, et le règne de Flore brille ici dans tout son éclat.

Sur les côtes de Malabar, on compte les singes par milliers; ils viennent quelquefois jusqu'au milieu des villes. Le tigre royal avec le rhinocéros domine sur l'extrémité marécageuse et inhabitable du delta du Gange. Le bœuf et la vache jouissent dans l'Inde d'une vénération aussi religieuse que jadis dans l'Égypte. Emblèmes du soleil et de la lune, monuments vivants de l'histoire et de la civilisation, ils sont censés accompagner le grand dieu *Chiva* et la déesse *Parvati*. On fait grand cas des éléphants pris dans la province de Tipra et sur les bords du Brahmapoutre; mais les plus dociles et les plus beaux viennent de l'île de Ceylan. L'Inde fourmille aussi de serpents : on en trouve partout, jusque dans les appartements, et un boa dans sa grotte de Samboulpour rendait des oracles il y a peu d'années. Presque tous les fleuves et les lacs nourrissent des crocodiles, et les côtes abondent tellement en poissons qu'on en nourrit les animaux domestiques, jusqu'aux chiens et aux chevaux.

En entrant dans la Mésopotamie, sur les rives du Tigre et de l'Euphrate, nous allons fouler un sol fertile en grands souvenirs, hélas! inconnus des habitants actuels, abrutis par l'ignorance et l'esclavage. Une égale obscurité enveloppe la gloire de vingt peuples qui jadis florissaient dans l'Asie occidentale. Les troupeaux bondissent également sur le tombeau d'Achille et sur celui d'Hector; les trônes des Mithridate et des Antiochus ont disparu comme les palais de Priam et de Crésus; les marchands de Smyrne ne se demandent guère si ce fut dans leurs murs que naquit Homère; le beau ciel de l'Ionie n'inspire plus ni peintres ni poètes; la même nuit couvre de ses ombres les rives du Jourdain et les bords de l'Euphrate; le peuple de Moïse n'y est plus, les harpes de David et d'Isaïe sont muettes; un pasteur arabe vient avec indifférence appuyer ses tentes aux colonnes brisées de Palmyre; Babylone aussi a succombé sous les coups d'un destin vengeur, et elle laisse à peine une trace qui puisse indiquer où s'élevaient les remparts de Sémiramis. On voit sur les lieux l'accomplissement de cette prophétie d'Ézéchiel : « que Tyr, la reine des nations, ne serait plus qu'un roc où les pêcheurs feraient sécher leurs filets. »

Cependant, si la civilisation européenne, par quelque nouvel ordre de la Providence, retournait vers cet antique berceau du genre humain, nous y retrouverions encore la fraîcheur et la beauté des premiers âges. Il y a peu de régions du globe où, dans un aussi petit espace, d'aussi frappants contrastes se trouvent réunis : à Bagdad (autrefois Ninive), des chaleurs égales à celles de la Sénégambie, et sur la cime de l'Ararat, des neiges éternelles; les forêts de sapins et de chênes touchent, en Mésopotamie, à celles de palmiers et de citronniers; le lion d'Arabie répond par ses rugissements aux hurlements de l'ours du mont Taurus. On dirait que l'Afrique et la Sibérie se sont donné un rendez-vous. Ce rapprochement des climats opposés résulte principalement d'une grande différence dans le niveau du terrain. L'Arménie, plateau très élevé, est ceinte de toutes parts de montagnes encore plus hautes; l'Ararat (souvenir du déluge) élance au centre de ce pays sa tête toujours blanchie de neige. Les chaînes du Taurus entrent dans l'Arménie près des cataractes de l'Euphrate et s'élèvent en avançant à l'orient. Une branche des *Gordyens* de Xénophon sépare l'empire ottoman de la Perse; ses branches inférieures se terminent à quelques lieues du bord oriental du Tigre; une branche détachée du Taurus passe entre le Tigre et l'Euphrate, et vient expirer dans les collines de Sindjar. De cet escarpement on voit se déployer jusqu'aux bords du golfe Persique une immense plaine, où l'œil fatigué remarque à peine de légères ondulations de terrains, qui sont inondés à la moindre crue de rivière. Rival et compagnon de l'Euphrate, le Tigre a sa source la plus apparente dans les montagnes du pays de Zoph, l'ancienne Sephène. L'Euphrate, qui vient de l'Ararat, déjà très fort, enlève à cette région le tribut de toutes ses eaux courantes; mais, par un hasard singulier, le Tigre seul, la plus petite rivière de ces montagnes, échappe au destin de ses frères; une hauteur l'empêche de couler vers l'Euphrate et une gorge lui ouvre un passage. Il s'élance alors à travers un terrain toujours très inégal et fortement incliné. L'extrême rapidité de son cours lui a mérité le nom de *Tigre*, nom qui rappelle le vol rapide d'une flèche. Outre ce bras, il en a un autre, décrit par Pline, qui, arrêté par une branche du Taurus, se précipite dans la caverne dite de *Zoroanda*, et reparaît en bas de la montagne. De son côté l'Euphrate, après avoir franchi le défilé *Pas-de-Nouchar*, serpente sur une plaine élevée avant de former une double cataracte à huit lieues au-dessus de Samosate. A mesure que le Tigre et l'Euphrate se rapprochent, le terrain intermédiaire perd son élévation; des marais et des prairies en occupent toute l'étendue. Ils se réunissent auprès de Korna, et le fleuve porte alors le nom de Chat-el-Arab, c'est-à-dire fleuve de l'Arabie, qui tombe dans le golfe Persique.

La Mésopotamie, qui empiète sur l'ancienne Arménie, est un pays de montagnes moyennes, bien arrosées, et entrecoupées d'agréables vallons. Les forêts d'où Alexandre et Trajan tirèrent le bois nécessaire pour la construction de leurs flottes, n'ont pas entièrement disparu des bords du Tigre. Les rivages de l'Euphrate se couronnent de lilas, de jasmins, de vignes, d'oliviers et d'autres arbres fruitiers; les tabacs, les cotons, les soies, les laines, enrichiraient cette province, si un gouvernement plus régulier y réprimait le brigandage des Kourdes.

Le Zambèze, que nous avons à décrire, nous ramène, de la Mésopotamie, le long des côtes de Mozambique, dans l'Afrique orientale, qui est aussi tributaire de l'océan Indien. Les naturels de ce pays disent que le Zambèze sort d'une sorte de lac, et reçoit son nom d'un village peu éloigné de sa naissance. Ce fleuve est très rapide et large d'une lieue en quelques endroits. On le remonte jusqu'au royaume de Sicambeué; il y a une cataracte d'une hauteur étonnante et des chutes continuelles pendant vingt lieues, jusqu'au royaume de Chicova, où sont des mines d'argent, de cuivre et de fer. Le Zambèze inonde le pays comme le Nil, mais c'est dans le mois d'avril. En naviguant sur ce fleuve, il ne faut plonger dans l'eau ni le pied ni le bras, car on n'est pas sûr de l'en retirer sain et sauf, tant les crocodiles y sont nombreux et audacieux. L'État de Monomotapa, situé derrière le Sofala, est comme celui-ci arrosé par le Zambèze, qui se jette dans la mer par quatre embouchures. Il abonde en riz, en maïs, en fruits et en bestiaux, et on y trouve de vastes forêts peuplées d'éléphants, de rhinocéros, de bœufs sauvages, de zèbres, d'antilopes, de singes et de tigres. Les hippopotames et les tortues de Monomotapa parviennent à une grosseur énorme. Ses mines d'or consistent en dépôts de transports ou d'alluvion, que les eaux ont entraînés des terrasses que forment les montagnes qui entourent ce pays. Ce sont des sables aurifères mêlés à une terre rougeâtre, que l'on exploite par le lavage. L'or y est en paillettes ou en pépites ramifiées ou tuberculeuses.

Les Maravis possèdent la plus grande des différentes parties qui composaient l'ancien territoire de Monomotapa. Ils sont gouvernés par un chef, qui prend le titre de *Quitevo*, et qui passe pour un des plus puissants de cette partie de l'Afrique. Sa résidence est Zimbao, l'ancienne capitale de l'empire, à soixante lieues de la mer, sur la rive droite du Zambèze. Ce peuple doit son nom au lac de Maravi, qui borne leur territoire et qui est parsemé de nombreuses îles peuplées de nègres, sur une largeur de quatre à cinq lieues. Ils travaillent le fer et en fabriquent divers instruments pour la culture. Les Mongas, sur la rive droite, sont belliqueux et n'ont jamais été soumis. Plus loin, à cent vingt lieues à l'intérieur et à cinquante lieues à l'est de la cataracte du Zambèze, une ville, ayant des maisons en pierre et une église, est défendue par un fort et quatre bastions : c'est Tette, chef-lieu d'un gouvernement portugais. Plus bas, à quatre-vingt-dix lieues de l'embouchure du fleuve, la ville de Sena (2,000 habitants), avec ses maisons de briques séchées au soleil et couvertes de roseaux et de chaume, est située dans une vallée exposée fréquemment aux inondations du Zambèze, ce qui en rend le séjour malsain. Elle est cependant le siège d'un gouverneur portugais, qui commande tous les petits établissements sur ce fleuve. D'après les renseignements de deux savants portugais, il serait possible à un Européen de traverser les pays inconnus entre le Monomotapa et le Congo. Les marchands d'esclaves portugais et africains ont déjà plusieurs fois conduit des convois de nègres d'Angola à Sena et de Sena à Angola. Les deux postes de Pedras-Negras, dans l'intérieur du Congo, et de Chicova, dans l'intérieur du Monomotapa, sont les points de départ respectifs; la route est de trois cent vingt-cinq lieues et n'est achevée que dans une saison entière. On rencontre des hordes errantes, et on traverse des plateaux élevés où l'on recueille de l'or en poudre.

Mais revenons aux côtes orientales dominées par les Portugais. Les rivières des côtes de Mozambique, quoique très larges à leur embouchure, ne viennent pas de loin; elles ont leurs sources à la montagne prochaine, aux pics hérissés, et nommés par les Portugais *Picos fragosos*. Le port de l'île Mozambique peut tenir plusieurs vaisseaux en sûreté. Les Portugais qui vont aux Indes y séjournent environ un mois. La principale nation indigène sur cette côte est celle des Makouas, qui sont féroces à l'état sauvage, fidèles et braves lorsqu'on les emploie comme soldats. Ils se passent des anneaux dans le nez, et se liment les dents de manière à les rendre aussi aiguës que de grosses dents de scie; enfin ils se défigurent par de fortes incisions sur le front, le nez et le menton. Comme les

Cafres, ils sont robustes et ont des formes athlétiques. Ils sont toujours prêts à faire des excursions sur les possessions des Portugais, contre lesquels ils nourrissent une haine implacable. Ils ont pour armes des lances et des javelots avec des pointes empoisonnées; cependant ils commencent à acheter aux Arabes et aux Portugais des mousquets et autres armes à feu. Les Makouas des côtes, jadis soumis aux Arabes, forment à présent trois petits États nègres, ayant une armée de 10,000 hommes, qu'ils mettent souvent au service des Portugais pour les défendre des Makouas de l'intérieur.

CHAPITRE XVIII

Versant de l'Atlantique (ancien continent) : l'Orange au Cap ; le Zaïre au Congo ; le Niger en Guinée ; la Gambie et le Sénégal en Sénégambie.
(Pour les fleuves d'Espagne et de France, voyez chap. IX et VIII.)

En quittant les rives du Zambèze, dont Livingstone a signalé le cours, nous n'abandonnons pas les côtes de l'Afrique, puisque nous avons à parcourir le bassin occidental de l'Atlantique, où coulent l'Orange, entre la colonie du Cap et le pays des Hottentots ; le Zaïre ou Congo, dont le cours moyen a été découvert par Stanley ; le Niger, dont les sources ont été trouvées l'année dernière par Zweifel ; le Sénégal et la Gambie, qui arrosent une fertile contrée.

En passant la rivière du Fish ou Poisson, dont on ne connaît que le cours inférieur jusqu'à quatre-vingts lieues au-dessus de son embouchure, nous sommes dans le pays des Hottentots, qui avec la colonie du Cap ne forme qu'une seule *région physique*. L'Orange est sans contredit le plus grand fleuve de ce pays. Il est formé de deux rivières importantes, qui viennent, l'une du nord (fleuve Jaune), l'autre du sud-est (fleuve Noir). Après avoir reçu celui-ci, l'Orange poursuit son cours du côté de l'ouest. Vers le milieu de son cours, il forme une cascade de quatre cents pieds de haut et de quinze cents pieds de largeur, et reçoit ensuite comme affluent la rivière du Poisson. Dans la partie supérieure de son cours, il est embarrassé par des masses de rochers escarpés; mais ensuite ses bords s'abaissent et se couvrent d'une belle végétation jusqu'à son embouchure dans l'Océan. Dans la colonie du Cap, la rivière de l'Éléphant prend sa source au mont Winterhoek et se jette dans l'Océan après un cours de soixante lieues.

Nous voici en plein pays de Cafres, de Zoulous et de Hottentots, sol varié et montagneux, qui renferme de très vastes déserts de sable, où le manque d'eau se fait sentir. La colonie offre un climat agréable; mais ce pays est sujet aux inondations et aux sécheresses extrêmes. Beaucoup de rivières, eaux minérales, végétation originale, plaines cultivées et déserts immenses, plantes de la zone torride et du sud de l'Europe, voilà ce que le voyageur rencontre aux environs du célèbre cap de Bonne-Espérance.

Toutes les tribus cafres sont belliqueuses, et la plupart nomades; elles élèvent de grands troupeaux, connaissent peu l'agriculture et moins encore l'industrie. Quant à leur religion, elle est si grossière, que les missionnaires n'ont pu réussir à y faire pénétrer la *bonne nouvelle;* tandis que les Hottentots, du moins les Namaquas et les Korannas, ont reçu le christianisme avec reconnaissance. D'autres, comme les Bojesmans, sont les plus sauvages et les plus abrutis de toute l'Afrique. Ces derniers vivent de la manière la plus misérable, du produit de leur chasse ou de racines. Toujours en guerre contre les autres tribus, ils errent sur les montagnes qui forment la lisière septentrionale de la colonie du Cap, et s'y cachent dans les taillis. Les Zoulous, rendus célèbres par la mort du prince impérial, habitent les environs de la baie de Lagoa et peuvent mettre sur pied une véritable armée.

Les colons du Cap peuvent se diviser en trois classes : ceux qui habitent dans le voisinage de la ville du Cap; ceux qui sont plus éloignés dans l'intérieur des terres; enfin, ceux qui, plus reculés encore, se trouvent à l'extrémité sur les frontières de la colonie, parmi les Hottentots. Les premiers, possesseurs de propriétés opulentes ou de jolies maisons de campagne, diffèrent beaucoup des autres colons par leur aisance et par leur luxe, surtout par leurs mœurs, qui sont hautaines et dédaigneuses; ici tout le mal provient de leur richesse. Les seconds, simples, hospitaliers et très bons, sont des cultivateurs qui vivent du fruit de leur travail : ici, le bien résulte de la médiocrité. Les derniers, assez misérables et trop paresseux pour arracher leur subsistance à la terre, n'ont pour ressource que le produit de quelques bestiaux qui se nourrissent comme ils peuvent. Semblables aux Arabes Bédouins, c'est beaucoup quand ils prennent la peine de les promener de pâturage en pâturage. Cette vie errante les empêche de se bâtir des habitations fixes. Quand leurs troupeaux les obligent à séjourner quelque temps dans un lieu, ils se construisent à la hâte une hutte grossière, qu'ils couvrent de nattes, à la manière des Hottentots, dont ils ont adopté les usages, et dont ils ne diffèrent plus aujourd'hui que par les traits du visage et la couleur.

Quant aux Hottentots, ils ont l'habitude de se frotter le corps avec du beurre ou de la graisse de mouton mêlée avec de la suie; ils renouvellent cette onction autant de fois qu'elle se sèche au soleil. Comme le peuple n'a pas toujours du beurre frais ou de la graisse nouvelle, on sent de fort loin un Hottentot. Il paraît que leur unique but dans cette opération est de se défendre contre les ardeurs excessives du soleil. Cette malpropreté les expose à toutes sortes de vermines, surtout aux poux, qui sont d'une grosseur extraordinaire. Mais, s'ils en sont mangés, ils les mangent aussi, alléguant la loi du talion et prétendant qu'il n'y a point de honte à dévorer des animaux qui vous dévorent eux-mêmes. Sur la coutume d'immoler les vieillards, ils répondent que c'est un acte d'humanité, et qu'à cet âge il vaut mieux sortir des misères de la vie par les mains de ses amis que de mourir de faim dans une hutte ou de devenir la proie des bêtes féroces. Au reste, leurs vertus surpassent leurs vices. Quelqu'un implore-t-il leur assistance, ils courent le soulager. Voient-ils quelqu'un dans le besoin, ils se retranchent tout pour le secourir. Un plaisir des plus sensibles pour eux, c'est de donner. Enfin, la bonté des Hottentots, leur intégrité, leur amour pour la justice et leur chasteté sont des vertus que peu de nations possèdent au même degré. Ils ont, comme dirait Tertullien, l'âme naturellement chrétienne.

Des bons Hottentots nous allons passer aux farouches Diagas et à la boucherie humaine des Anzikos; mais en suivant les rives du Zaïre et celles du Niger nous retrouverons aussi des tableaux consolants. Parcourons d'abord les fleuves, et nous étudierons ensuite les habitants du Congo et de la Guinée.

Le fleuve de Congo, appelé Zaïre par les indigènes, a plus d'une lieue de largeur à son embouchure, et se jette dans la mer avec tant d'impétuosité, qu'aucun fond de sonde ne peut y être pris, à cause de la violence du courant, dont on sent la force à une grande distance au large. L'eau y conserve une teinte noirâtre, et les îlots flottants de bambous, entraînés dans l'Océan, y environnent le navigateur. Les cataractes de ce fleuve, situées à cent vingt lieues dans l'intérieur, paraissent plus majestueuses que celles du Nil. Ce fleuve vient de très loin, et on a supposé à tort qu'il était identique avec le Niger. Dans ces contrées, on connaît aussi peu la direction des chaînes de montagnes que l'origine et le cours des rivières. Le Zaïre reçoit son plus grand affluent connu du côté du sud-est, et il doit l'abondance de ses eaux, d'après le rapport des indigènes, à un grand lac imparfaitement connu; il sert peut-être d'écoulement à un système entier de lacs semblables à ceux du Canada. Le Coanza, deuxième fleuve de la Guinée méridionale, sort, comme le Zaïre, d'un lac peu connu. Profond et rapide, il forme à soixante lieues de son embouchure une cataracte dont le bruit s'entend à une grande distance.

Le Congo est l'état le plus important de la Guinée méridionale, dont rien n'égale l'éclat des pelouses émaillées de mille fleurs. Les champs et les forêts sont parsemés de lis plus blancs que la neige. Le luno y fournit un pain savoureux, très blanc et aussi bon que celui du froment. On a vainement essayé la culture du froment européen; ses tiges couvrent un cavalier à cheval, mais elles restent stériles. Toutes les plantes potagères de nos pays y atteignent un haut degré de perfection, et on récolte du vin au sud du Zaïre; les rives de ce fleuve sont bordées de forêts de tamariniers et de cèdres, qui offriraient du bois de construction pour des flottes innombrables. Il y a peu de régions aussi peuplées que le royaume de Congo. Les habitants sont communément noirs, quoiqu'il s'en trouve un grand nombre de couleur olivâtre. Leur taille est moyenne, et, sauf la couleur, ils ont beaucoup de ressemblance avec les Portugais; leurs lèvres ne sont pas grosses et pendantes comme celles des Nubiens et autres nègres. Les Diagas, qui habitent les montagnes, ont une figure fort noire et difforme, le corps grand et l'air audacieux; ils sont dans l'usage de se tracer des lignes sur les joues avec un fer chaud. Ils s'accoutument aussi à ne montrer que le blanc des yeux en baissant la paupière, ce qui achève de les rendre horribles. Comme les Arabes, ils vivent errants dans les forêts. Leur férocité les porte à ravager les pays voisins, et au commencement de l'attaque ils poussent des cris affreux, pour inspirer la frayeur à l'ennemi. Ils ne trouvent de satisfaction que dans les pays où les palmiers croissent abondamment, parce qu'ils sont passionnés pour le vin et le fruit de cet arbre. Pour tirer le vin du palmier, ils ont la mauvaise méthode d'abattre l'arbre par la racine, et ils en viennent ainsi à ruiner le pays; après quoi ils avancent toujours, vivant de rapine et harcelant les habitants qui s'opposent à leur passage.

Chez les Anzikos, au nord-est de la Guinée méridionale, la chair humaine se vend comme celle du bœuf dans nos boucheries de l'Europe, car ils mangent tous les esclaves qu'ils prennent à la guerre. Ils tuent même leurs propres esclaves, lorsqu'ils les jugent assez gras; ou, s'ils trouvent cette voie moins avantageuse, ils les vendent pour la boucherie publique. Lorsqu'ils sont fatigués de la vie, ou quelquefois pour montrer seulement le mépris qu'ils en font, ils s'offrent avec leurs esclaves pour être dévorés par leurs princes. On trouve d'autres nations qui se nourrissent de la chair humaine des étrangers, mais on ne connaît que les Anzikos qui se mangent les uns les autres.

Avant de décrire l'arc immense que décrit le Niger dans le Sahara, la Nigritie et la Guinée supérieure, nous nous arrêterons avec complaisance pour étudier encore les mœurs de quelques tribus intéressantes. La côte des Esclaves comprend plusieurs petits royaumes, dont celui de Juida est le plus important. Tous les Européens qui ont fait le voyage de Juida conviennent que c'est une des plus délicieuses contrées de l'univers. Les arbres y sont d'une grandeur et d'une beauté admirables, sans être masqués, comme dans les autres parties de la Guinée, par des buissons et de mauvaises plantes. La verdure des campagnes, qui ne sont divisées que par des bosquets et des sentiers fort agréables, et la multitude de villages qui se présentent dans un si petit espace, forment la plus charmante perspective qu'on puisse imaginer. Il n'y a ni montagnes ni collines qui arrêtent la vue; tout le pays s'élève doucement jusqu'à trente milles de la côte, comme un magnifique amphithéâtre, d'où les yeux se promènent jusqu'à la mer. A ceux qui viennent de la mer, cette contrée présente un spectacle charmant : c'est un mélange de petits bois et de grands arbres; ce sont des groupes de bananiers, de figuiers, d'orangers, au travers desquels on découvre les toits d'un nombre infini de villages, dont les maisons, couvertes de paille et couronnées de cannes, forment un très beau paysage.

Les nègres de Juida, bien différents des autres peuples de la Guinée, n'abandonnent que les terres entièrement stériles; tout est cultivé, semé, planté, jusqu'aux enclos de leurs villages et de leurs maisons. Leur activité va si loin, que, le jour de leur moisson, ils recommencent à semer, sans laisser à la terre un moment de repos. Aussi leur terroir est si fertile, qu'il produit deux ou trois moissons dans l'année. Les pois succèdent au riz, le millet vient après les pois, le maïs après le millet, les patates et les ignames après le maïs. Les bords des fossés, des haies et des enclos sont plantés de melons et de légumes; il ne reste pas un pouce de terre en friche. Les habitants de cette contrée sont généralement de haute taille, bien faits et robustes. Avec peu de lumières, ils sont pourtant très civilisés et très polis. L'application extraordinaire que les nègres de Juida apportent à l'agriculture et au commerce n'empêche pas qu'ils n'aient une grande passion pour le jeu; mais, au lieu de se pendre comme les Chinois après avoir tout perdu, ils sont capables de jouer leurs femmes, leurs enfants et de finir par se jouer eux-mêmes.

Dans l'immense désert du Sahara, on rencontre quelques hordes féroces dans les rares oasis : les Tiblous, la plupart très sauvages et vivant dans des grottes ou sous des huttes de terre; les Touariks, tous musulmans, qui sont très basanés, grands, agiles et fameux pillards. Les habitants de la Nigritie ou Soudan sont noirs et forment la race éthiopienne ou nègre. Là on trouve les Ghiolofs, qui sont les plus beaux et les plus noirs des nègres : les Aschantis, braves mais féroces, qui construisent leurs huttes avec beaucoup d'art; les Mandingues, qui sont assez policés, mais très voleurs. Tombouctou, la ville la plus importante de la Nigritie centrale, est le grand entrepôt commercial de l'Afrique. Cette ville, aux rues étroites, aux maisons basses, est située dans une vaste plaine de sable blanc.

Le mystérieux Niger passe par là, après avoir parcouru cent cinquante lieues au nord-est et puis cent lieues à l'est. Il reprend la direction nord-est jusqu'à Tombouctou; mais, avant d'arriver à cette ville, il traverse le lac Dibbie. Au-dessous de Tombouctou, il se dirige vers le sud-est, et enfin vers le sud jusque dans le golfe de Benin, en y formant d'immenses lagunes. Les crocodiles et les hippopotames abondent dans ses eaux, et les îles qu'il forme sont remplies d'éléphants et de tortues.

Dans un autre ouvrage, les *Terres inconnues*, nous pourrons parcourir le bassin du Niger depuis les limites de la Sénégambie jusqu'à Ouankarah; mais notre cadre restreint nous force de passer d'ici aux rives du Sénégal, qui atteint l'Océan après un cours d'environ trois cent cinquante lieues. Les chutes de ce fleuve sont curieuses, notamment celle de la roche Felou, qui arrête ses eaux pendant sept mois. Les navires qui peuvent franchir la barre de son embouchure remontent facilement jusqu'à quatre-vingts lieues au-dessus. Les bords du Sénégal deviennent pittoresques à cinquante lieues de l'Océan. Environné de collines, de montagnes, où des arbres forment des voûtes et des amphithéâtres de verdure, ce fleuve offrirait le plus intéressant des voyages, si l'air malsain, l'aspect hideux des crocodiles et le mugissement de l'hippopotame n'en diminuaient les charmes.

Tandis que le Sénégal n'est navigable que pendant la saison des pluies, la Gambie ne l'est que pendant la saison sèche. La source est cachée dans un bois touffu, au milieu d'un vallon en forme d'entonnoir, formé par les montagnes du Badet, où elle forme de si nombreux détours qu'après un cours de cent cinquante lieues elle n'est qu'à dix-sept lieues de son point de départ. Son embouchure a sept lieues de large, et à cent vingt lieues de la côte elle forme la belle chute de Barraconda.

La Sénégambie (Sénégal et Gambie), où les Français ont quelques établissements, est en général habitée par des nègres. Du côté de la mer, le calme est ordinairement si profond, qu'on n'y sent pas le moindre souffle, et les bois arrêtent aussi le mouvement de l'air du côté des terres; aussi les hommes et les animaux ne peuvent-ils respirer, surtout dans la basse marée, car la réverbération du sable y écorche le visage et brûle jusqu'à la semelle des souliers. Ce qui rend cet endroit plus dangereux, c'est une immense quantité de poissons que les nègres laissent tomber en pourriture pour les manger dans cet état.

C'est sur les bords du Sénégal qu'on trouve le fameux baobad, le plus gros des végétaux connus, dont les branches s'étendent souvent à cinquante pieds autour de l'arbre, et dont le tronc atteint quelquefois trente mètres de circonférence. Les huttes des habitants sont de paille, et elles n'ont pour portes qu'un trou comme la gueule d'un four, de sorte qu'ils ne peuvent y entrer qu'en rampant. Quand le chef est mort, on vend ses marchandises et ses bœufs pour de l'eau-de-vie, car, dans cette occasion, c'est l'usage de faire un *folgar* (une fête) après l'enterrement. Dans certaines parties de la France, sans être nègres ni barbares, les habitants reviennent quelquefois ivres d'une cérémonie funèbre. A quand la disparition de cette infamie?

Le Sénégal est souvent ravagé par des nuées de sauterelles dont il est parlé dans les dix plaies d'Égypte. Le 19 novembre 1864, un nuage de ces insectes volants, suivant de l'est à l'ouest la rive gauche du Sénégal et rasant la terre, cachait complètement tout le pays comme un épais rideau. Avec une vitesse de six kilomètres à l'heure, elles passèrent depuis le matin jusqu'au coucher du soleil, ce qui suppose déjà une colonne d'une quinzaine de lieues; mais comme ce qu'on voyait encore dans l'ouest était infiniment plus fort que dans la journée, on doit conclure que ce qui avait déjà passé n'était qu'une faible avant-garde. Heureusement ces insectes redoutables, qui sortent de la Tartarie, de l'Arabie ou du Sahara, rencontrent de puissants obstacles : un vent violent, une pluie d'orage, peuvent en détruire des millions dans un instant; puis les renards, les oiseaux et les grenouilles en dévorent une grande quantité. On prétend même que certains peuples de l'Afrique en mangent les cuisses avec délices.

CHAPITRE XIX

Versant de l'Atlantique (nouveau continent nord) : le Saint-Laurent au Canada : le Missisipi aux États-Unis.

Nous venons de suivre les côtes occidentales de l'Afrique, et, dans les chapitres VIII et IX, nous avions suivi celles de l'Espagne et de la France. Pour compléter le bassin de l'océan Atlantique, il nous faut suivre les côtes orientales de l'Amérique; et comme nous en avons déjà parcouru une partie dans le chapitre X, à propos de l'océan Glacial, il nous reste à reprendre notre voyage au fleuve Saint-Laurent, nous bornant dans ce chapitre à la seule Amérique du Nord.

La plaine de l'océan Glacial n'est séparée de la vaste plaine du Missisipi par aucune montagne. Mais, du côté du Saint-Laurent, une suite de collines enveloppent d'un grand cercle la baie d'Hudson (V. chapitre X) : ce sont les Laurentides, au sud desquelles se trouve une vaste dépression dont le fond est occupé par cinq grands lacs. Là est réunie la plus grande masse d'eau douce qui existe sur le globe : le lac Supérieur, qui a cinquante fois l'étendue du lac de Genève; les lacs Michigan, Huron, Érié et Ontario. Les deux derniers communiquent par la rivière Niagara, qui se précipite d'une hauteur de 49 mètres et produit la célèbre cataracte. A l'extrémité orientale du lac Ontario commence le Saint-Laurent, large et beau fleuve, qui sert de débouché aux grands lacs, et qui, coulant vers le nord-est, se jette dans le golfe du même nom. Ce fleuve prend, surtout près de Montréal, un caractère extrêmement pittoresque. C'est un tableau charmant et impossible à décrire, que celui d'un village qui se développe aux regards à mesure qu'on double une pointe de terre boisée; les maisons paraissent suspendues sur le fleuve, et les clochers étincelants réfléchissent, à travers les arbres, les rayons d'un soleil éclatant. Mais au-dessous de de Québec le lit du fleuve s'élargit de quinze à vingt lieues, et les rivages s'enfuient dans un lointain si immense, que l'œil y reconnaît plutôt un golfe qu'une rivière. Cependant, malgré son immense volume d'eau, le Saint-Laurent n'occupe que le troisième rang parmi les fleuves américains.

En 1640, une religieuse, la sœur Bourgeois, et quelques membres d'une congrégation qui se fondit peu après dans celle de Saint-Sulpice, obtinrent du roi de France la concession de l'île de Montréal, où Cartier avait découvert jadis un village indien. Cinquante-cinq personnes furent amenées, en 1642, pour peupler le nouvel établissement, et onze ans plus tard deux cents émigrants angevins allèrent renforcer ce premier noyau de courageux colons. Plus tard, les soldats d'un régiment licencié au Canada s'établirent en grande partie autour de la nouvelle ville, dont la prospérité naissante eut longtemps à souffrir du voisinage des Iroquois. En 1760, Montréal ne comptait encore que 6,000 habitants tout au plus. Ce fut, pendant la guerre de Sept-Ans, le dernier boulevard des défenseurs du Canada; mais le 8 septembre, sous les murs de Montréal, fut signé l'acte de décès de notre domination dans ce grand pays, allant du golfe du Mexique aux grands lacs du Saint-Laurent, des bords du Mississipi aux montagnes Rocheuses et aux rives de l'océan Pacifique. Cent dix ans se sont écoulés, et de bourgade Montréal est devenue une ville de 107,000 habitants, dont 56,000 Franco-Canadiens. Tête de ligne de la navigation transatlantique sur le Saint-Laurent, l'ambitieuse cité aspire à supplanter New-York. Le canal Welland établit une communication assurée sur le territoire canadien entre les lacs Erié et Ontario, rachetant par vingt-sept écluses la différence de niveau d'environ 100 mètres que la rivière Niagara descend d'un lac à l'autre par des courants rapides et par le bond de son incomparable cataracte.

Entre les monts Rocheux à l'ouest et les monts Alleghany à l'est, dont les hauteurs se prolongent, sous divers noms, du golfe Saint-Laurent au golfe du Mexique, se trouve la grande plaine du Mississipi, composée d'immenses prairies ou savanes. Cette région est un peu boisée au nord, excepté dans les vallées, creusées à pic, où coulent les rivières. Elle se développe en forme de grand arc de cercle autour de la côte du golfe du Mexique, et l'enveloppe de terres basses, de lagunes, de savanes et de forêts marécageuses.

Le Mississipi est de beaucoup le fleuve le plus important de toute l'Amérique du Nord. Il prend sa source dans le lac Itasca, situé sur les hauteurs du plateau de Minnesota, à 600 mètres d'altitude. Il descend les gradins du plateau et coule par plusieurs cascades vers le sud, au milieu de l'immense prairie qu'il s'est créée. Il reçoit, à gauche, le Wisconsin et l'Illinois; sur la rive droite, le Missouri, rivière plus grande dans cet endroit que le fleuve même et qui vient des montagnes Rocheuses, roulant dans une vallée étroite et profonde, au milieu des prairies et des forêts, ses eaux bourbeuses, et se grossissant elle-même d'autres rivières; puis, non loin de là, l'Ohio, qui vient des monts Alléghany. A partir de là il court à l'aise dans la plaine de sa rive droite, qu'il couvre en partie de ses canaux et qu'il désole souvent par ses inondations d'eau jaunâtre, encombrée d'herbes flottantes et d'arbres arrachés aux forêts. Ces arbres, déracinés par les vents ou tombés de vétusté, s'assemblent de toutes parts sur les eaux du Mississipi. Unis par des lianes, cimentés par des vases, ces débris de forêts deviennent des îles flottantes; de jeunes arbrisseaux y prennent racine; le nénuphar y étale ses roses jaunes; les serpents, les oiseaux, les caïmans viennent se reposer sur ces radeaux fleuris et verdoyants, qui arrivent quelquefois jusqu'à la mer, où ils s'engloutissent. Mais voici qu'un arbre plus gros s'est accroché à quelque banc de sable et s'y est solidement attaché; il étend ses rameaux comme autant de crocs auxquels les îles flottantes ne peuvent pas toujours échapper; il suffit souvent d'un seul arbre pour en arrêter successivement des milliers : les années accumulent les unes sur les autres ces dépouilles de tant de lointains rivages; ainsi naissent des îles, des péninsules, des caps nouveaux qui changent le cours du fleuve, et quelquefois le forcent à s'ouvrir de nouvelles routes.

C'est dans la Virginie et dans le Sud que la flore américaine étale ses principales merveilles et l'éternelle verdure de ces savanes qui se déroulent à perte de vue et semblent monter vers les cieux. L'imposante magnificence des forêts primitives et la sauvage exubérance des marécages captivent tous les sens par les charmes de la forme, de la couleur et du parfum. Si on longe les rivages de la Caroline, de la Géorgie et de la Floride, des bosquets continuels semblent flotter dans l'eau. Vous goûtez l'harmonie des tiges mouvantes de la canne à sucre, et vous admirez l'arbre à frange et le cèdre blanc, où la grue et l'aigle fixent leur nid, tandis que les perroquets y mangent les graines huileuses des petits cônes suspendus aux branches. Vous avancez sous une voûte de vignes sauvages, parmi des faréoles et des lianes rampantes qui enlacent vos pieds d'un filet de fleurs; mais l'énorme chauve-souris étend ses ailes hideuses, le serpent à sonnettes agite les anneaux de sa peau retentissante, le loup et le chat-tigre remplissent l'air de leurs cris discordants et sauvages.

Ces vastes forêts, qui ont si longtemps couvert ce pays, disparaissent peu à peu devant les empiètements continuels du cultivateur, et font place à de vastes plaines cultivées. L'industrie et le commerce ont pris depuis ces derniers temps une extension prodigieuse aux États-Unis; d'immenses manufactures ont été fondées de toutes parts; des canaux, des chemins de fer, sillonnent en tous sens la surface du pays, et la marine marchande de l'Union est la première après celle de l'Angleterre.

New-York est la plus belle ville des États-Unis. Placée sur une île qu'un jour elle couvrira probablement tout entière, elle s'élève comme Venise du sein de la mer, et, comme à cette reine des cités dans le temps de sa gloire, toutes les nations viennent lui apporter leur tribut de richesses. Elle couvre presque autant de terrain que Paris, mais elle est beaucoup moins peuplée. La pointe la plus avancée de l'île est fortifiée du côté de la mer par une batterie, et présente un point de défense inexpugnable; mais dans le temps de paix elle est changée en promenade publique, et je ne crois pas qu'aucune ville en possède une plus belle; c'est de là que part une splendide avenue qui traverse toute la ville; et dans cette superbe rue on admire la beauté des magasins, la commodité des trottoirs et l'élégance des promeneurs qui s'y portent en foule; elle est ornée de plusieurs beaux édifices, dont plusieurs sont entourés d'arbres et de gazons. Les maisons des classes supérieures sont fort belles et très richement meublées. Si on peut leur reprocher quelque chose, c'est leur parfaite uniformité. Presque toutes ont à l'intérieur des jalousies peintes en vert. Il y a peu de balcons, et l'on voit rarement sur les fenêtres ces jardins suspendus si communs dans nos villes. La Nouvelle-Orléans, près de l'embouchure du Mississipi, ne manque pas de curiosités capables d'amuser un Européen fraîchement débarqué. La multitude de noirs qui sillonnent ses rues, la gracieuse élégance des belles quarteronnes, les groupes çà et là répandus de sauvages indiens, à la mine sombre; le riant aspect d'une luxuriante végétation, ce fleuve immense aux eaux troubles, aux rives marécageuses, tout vous intéresse, tout concourt à vous procurer cette sorte d'amusement que donne la contemplation d'objets qu'on voit pour la première fois. Cette ville abonde en denrées de toutes sortes; tous les produits y descendent par le grand fleuve. C'est un charmant spectacle de voir son vaste bassin sillonné par des milliers de barques montées par des nègres à la voix puissante et sonore, qui nagent en cadence et charment leur fatigue par des chants pleins de douceur et d'harmonie.

Entre les États-Unis et le Mexique coule le Rio del Norte, qui descend de la sierra Verde et arrose le Texas sur une longueur de cent soixante-treize lieues. Le climat du Texas est délicieux. Dans les plaines, la température est à peu près celle de la Louisiane, mais plus salubre. La végétation y est remarquable autant par sa richesse que par sa variété. Ses magnifiques forêts renferment d'inépuisables trésors pour la marine. On y trouve des peupliers de la Caroline, dont le tronc a jusqu'à 15 mètres de circonférence; et du milieu du massif de chênes verts, qui n'ont pas moins d'un mètre et demi de diamètre, s'élève à cent pieds de hauteur le *magnolia grandiflora*.

Le Mexique est très mal arrosé, sauf vers le nord; mais il a un grand nombre de lacs. Il est parcouru par de très hautes montagnes qui y forment un vaste plateau : ce qui rend très variables le sol et le climat. Au bord des deux mers et jusqu'à la hauteur de 300 mètres, les terres fournissent toutes les denrées tropicales; mais elles sont extrêmement malsaines, et il y fait une chaleur insupportable. A mi-côte, et jusqu'à environ 2,000 mètres, le pays est chaud encore, très fertile, et il y règne un printemps presque perpétuel avec un ciel toujours brumeux. Enfin, sur le vaste plateau qui occupe le centre du Mexique, le climat devient froid, et les terres ne sont pas aussi fertiles que dans les autres régions. Il y a dans ce pays de grands troupeaux de bétail de toute race et beaucoup de chevaux, même à l'état sauvage.

Nulle ville ne peut être comparée à Mexico pour la beauté des rues et pour la magnificence de ses monuments publics. Les maisons sont presque toutes semblables, élevées de deux étages garnis chacun d'un balcon en fer peint et doré, et décorées de nombreuses sculptures. Les encoignures sont ornées d'arabesques et meublées d'une statue de saint ou de la Vierge. La porte cochère, toute couverte de ciselures, ouvre sur un vestibule élevé qui donne sur une cour remplie d'arbres et de fleurs, et autour de laquelle s'élèvent divers corps de bâtiments. Le long de chaque étage règne une belle galerie, où l'on peut se promener à couvert du soleil et de la pluie. Les façades sont peintes de différentes couleurs et offrent l'aspect le plus riant. Les toits sont plats et couronnés d'arbustes et de fleurs, et ces jardins suspendus offrent aux habitants une délicieuse retraite pour la soirée; on y respire un air frais et embaumé, en même temps qu'on y jouit d'une vue magnifique, qui n'est point arrêtée par les toits biscornus et les ignobles tuyaux de cheminée de nos villes d'Europe; car, dans cet heureux climat, on ignore ce que c'est qu'une cheminée, aussi bien que les carreaux de vitres, rendus inutiles par la douce chaleur des nuits.

Mais la ville la plus opulente du Mexique, c'est Puebla, au sud de Mexico. La façade des maisons riches est recouverte de carreaux en faïence vernie de différentes couleurs, représentant diverses scènes d'histoire, et formant de belles mosaïques. Il y a aussi quelques maisons peintes à fresque. Presque toutes ont d'élégants balcons protégés par un toit saillant en tuiles de porcelaine. Puebla compte un nombre prodigieux d'églises et de couvents, qui surpassent en magnificence tout ce que l'Europe et Rome renferment de plus beau. La cathédrale surtout, qui offre au dehors une masse énorme de bâtiments, étale à l'intérieur un luxe dont on ne saurait se faire une idée. Le maître-autel, en argent massif, est surmonté d'un temple de forme antique du plus délicieux travail; il est fait du plus beau marbre et des pierres les plus précieuses du nouveau monde. Les chapelles sont remplies d'ornements d'or et d'argent, de statues, de bas-reliefs et de tableaux magnifiquement encadrés.

CHAPITRE XX

Versant de l'Atlantique (nouveau continent, sud) : l'Amazone dans le Pérou et le Brésil; la Plata dans la Bolivie, le Paraguay et la république Argentine; l'Orénoque dans la Colombie et le Venezuela.

Nous entrons ici dans la plus riche et la plus pittoresque péninsule du monde et, après l'Afrique, la plus étendue, car elle a seize cents lieues dans sa plus grande largeur, du cap Blanc dans le Pérou jusqu'au cap Saint-Augustin dans le Brésil, et dix-sept cent lieues du cap Vela au cap Horn, dans sa plus grande longueur.

Un plateau généralement élevé de plus de 2,000 mètres, couronné par des chaînes et des pics isolés, forme toute la partie occidentale de l'Amérique méridionale. A l'est de cette hauteur et de ce vaste plateau s'étend une immensité de plaines marécageuses ou sablonneuses, généralement d'une végétation luxuriante, et sillonnées par trois fleuves immenses, l'Amazone, l'Orénoque et la Plata. Les savanes ou plaines couvertes de pâturages se trouvent au-dessus des plaines marécageuses, et sont assez hautes pour n'être jamais envahies par les eaux des fleuves qui les traversent.

Les majestueux fleuves de l'Amérique méridionale effacent, par la longueur de leur cours et la largeur de leur lit, tous ceux de l'ancien monde, et le superbe Amazone a le droit de revendiquer le premier rang.

Ce fleuve ne prend le nom d'Amazone qu'au confluent de deux grandes rivières, qui ont leur source dans les Andes. L'une, qui n'a pas moins de deux cents lieues de cours, traverse des gorges de montagnes d'un difficile accès, des forêts désertes et de vastes solitudes, qui sont à explorer. Ces deux rivières roulent leurs ondes réunies à travers une immense plaine, où de toutes parts les affluents apportent leurs eaux. Jusqu'au confluent du Rio Negro et de l'Amazone, les Portugais appellent cette dernière rivière des Poissons : elle ne prend qu'ensuite son vrai nom, auquel les Espagnols substituent celui de Marañon. La rivière Madeira, qui vient des hauteurs de la Bolivie, est le plus grand de tous les affluents de l'Amazone. Depuis son confluent avec le Rio Negro jusqu'à l'Océan, l'Amazone a trois cent quinze lieues, et depuis sa source il en a mille trente-cinq, y compris ses grandes sinuosités. Sa largeur moyenne est d'une lieue dans la partie inférieure de son cours; mais depuis son confluent avec le Xingu et près de son embouchure, elle devient semblable à une mer; l'œil peut à peine découvrir ses deux rivages à la fois. A deux cent cinquante lieues dans l'intérieur la marée s'y fait sentir, et près de l'embouchure un combat terrible s'engage entre les eaux du fleuve et les flots de l'Océan. Le premier forme une montagne liquide de 40 mètres de hauteur, qui se rencontre assez souvent avec la marée montante, et le choc terrible de ces deux masses d'eau fait trembler toutes les îles d'alentour. Les rivages sont inondés de leurs flots écumeux, et les rochers, entraînés comme des galets légers, se heurtent sur le dos de l'onde qui les porte. De longs mugissements roulent d'île en île et de caverne en caverne. On dirait que le génie du fleuve et le dieu de l'Océan se disputent l'empire des flots.

Le second fleuve de l'Amérique septentrionale, c'est le Rio de la Plata, qui, dans la langue espagnole, signifie *rivière d'argent*. Il est formé par le concours de plusieurs grands courants, parmi lesquels il faut remarquer le Parana, qui part du nord de Rio-de-Janeiro, et, grossi d'une foule de rivières, traverse une contrée montagneuse; dans un long *rapide* de douze lieues, il se presse à travers des rochers taillés à pic et déchirés par des crevasses effroyables. Dans les grandes plaines, le Parana reçoit le Paraguay, qui lui porte du nord le Pilcomayo, grande rivière pour la navigation intérieure et le transport des minerais. Toutes ces branches réunies forment la Plata, qui reçoit encore le Vermejo et le Salago du côté des Andes, et l'Uruguay du côté du Brésil. Son cours majestueux égale en largeur celui de l'Amazone, et son embouchure est aussi large que la Manche.

Le troisième fleuve, c'est l'Orénoque; mais il est loin de la majesté et de la grandeur des deux autres. Il prend sa source dans le petit lac d'Ypava, et de là, par un détour en forme de spirale, il entre dans le lac Parima, dont l'existence a été reconnue par don Solano, gouverneur de Caracas; puis il reçoit plusieurs rivières et entre dans l'Océan à travers un large delta, après un cours de trois cents lieues. Ses ondes verdâtres, ses vagues d'un blanc de lait au-dessus des écueils, contrastent avec le bleu foncé de la mer, qui les coupe par une ligne bien tranchée. L'Orénoque a deux cataractes, qui doivent leur naissance à un archipel d'îlots et de rochers d'un noir de fer, qui sortent comme des hautes tours d'une nappe écumeuse d'une étendue de deux kilomètres environ. Chaque îlot, chaque roche se pare d'arbres vigoureux et pressés en groupe; au-dessus de l'eau est sans cesse suspendue une fumée épaisse; à travers ce brouillard vaporeux où se résout l'écume, s'élance la cime des hauts palmiers. Dès que le rayon brûlant du soleil du soir vient se briser dans le nuage humide, les arcs colorés de l'arc-en-ciel disparaissent et renaissent, balançant sans cesse leur image. Autour des rocs, les eaux murmurantes entassent des îles de terres végétales qui forment des lits de fleurs parmi des roches nues. Le courant formé par l'Orénoque, entre le continent de l'Amérique du Sud et l'île de la Trinité, est d'une telle force que les navires, favorisés par un vent frais de l'ouest, peuvent à peine le refouler. C'est là que, du milieu des flots furieux, s'élèvent d'énormes rochers isolés, restes de la digue antique renversée par le courant, qui joignit jadis l'île de la Trinité à la côte de Paria. Ce fut à l'aspect de ces lieux que Colomb fut convaincu pour la première fois de l'existence du continent de l'Amérique.

L'Orénoque arrose la Colombie, divisée aujourd'hui en trois républiques : Venezuela, la Nouvelle-Grenade et l'Équateur. C'est un pays boisé et en général très fertile. Dans les montagnes de Quito, les oiseaux sont d'une admirable beauté. On y remarque des paons sauvages, des faisans et une espèce particulière de poules, qui se cachent sous le feuillage des arbres et en si grande abondance qu'on pourrait les prendre par milliers. Dans le nord-est, aux environs de Caracas, se déroulent ces immenses savanes qui fatiguent la vue par leur uniformité, et qui dans les grandes chaleurs offrent l'aspect désolé des déserts de l'Arabie. En approchant des bords de l'Orénoque, on voit avec plaisir le paysage s'accidenter un peu. Çà et là quelques maisons éparses sont situées sur les bords des fontaines, dont les eaux se cachent sous des ronces et disparaissent sous le sable. Enfin on retrouve la verdure, le feuillage, les collines, le paradis après l'enfer. A Santa-Fé de Bogota les maisons sont basses à cause des tremblements de terre, très fréquents dans ce pays. De petites fenêtres, fermées par de grosses barres en bois, leur donnent un aspect peu gracieux, et l'usage des vitres commence à peine à s'y introduire.

Le Pérou, qu'arrosent les premiers affluents de l'Amazone, est traversé dans sa partie occidentale par les Andes, qui serrent de près la côte sur une longueur d'environ cinq cents lieues, formant deux chaînes parallèles, entre lesquelles se trouve la Sierra, bande de terrain aride, nue, élevée généralement de 3,000 mètres, sujette à d'énormes variations de température et très malsaine. Le climat est, au contraire, assez égal et tempéré le long de la côte. Sur le versant oriental s'offre d'abord la région des forêts et des lacs, infestée de reptiles et d'insectes; puis de belles et fertiles prairies, richement arrosées et qui produisent toutes les denrées coloniales, des arbres superbes, cotonniers, ébéniers, palmiers, cocotiers, pins et cèdres.

Il est peu de villes qui aient une apparence aussi brillante que Lima, vue de la mer; ses dômes éclatants et ses nombreux clochers lui donnent un aspect tout à fait merveilleux. On y arrive par une magnifique avenue d'un mille de longueur, bordée de chaque côté d'une double rangée d'arbres majestueux et de promenades publiques, qu'embellissent des fleurs et de jolis arbrisseaux. Au bout de cette avenue s'élève un arc de triomphe d'un goût chevaleresque, qui n'est qu'une ruine de la domination espagnole.

L'Amazone arrose aussi le Brésil, couvert encore d'immenses forêts vierges et traversé par plusieurs chaînes de montagnes, qui ne sont que des ramifications des Andes. Cette vaste région a un climat qui varie suivant les latitudes, les hauteurs et le voisinage de l'Océan : dans les plaines, brûlantes chaleurs et pluies abondantes; sur le sommet des montagnes, froid glacial et neiges presque continuelles. Mais en général la végétation y est magnifique et originale, et le sol éminemment fertile.

En entrant dans la rade de Rio-de-Janeiro, capitale du Brésil, on admire un immense bassin, couvert d'une multitude de navires de toutes les dimensions, et sillonné en tous sens par des milliers de barques. Au fond de la rade se déploie la belle ville de Rio, serpentant au pied de hautes collines, que couronnent un grand nombre d'églises et de couvents. Les rues en sont généralement étroites, mais bien pavées, bordées de trottoirs et fort propres. Un grand avantage encore, c'est qu'on n'y aperçoit ni mendiants, ni tavernes, ni cabarets. L'aspect des maisons est agréable, et il y règne un air de propreté qui plaît.

C'est dans la Plata qu'on rencontre ces vastes plaines appelées pampas et qui s'étendent entre la rivière et les Andes, de Buenos-

Ayres à Mendoza, dans une largeur de trois cent cinquante à quatre cents lieues. On y distingue trois régions de climats et de produits bien distincts. La région qui touche à Buenos-Ayres est couverte de trèfle et de chardons; on découvre ensuite de magnifiques herbages; puis une forêt toujours verte se déploie jusqu'au pied des Cordillères. Ces deux dernières régions offrent pendant toute l'année le même coup d'œil, une admirable verdure; mais la première varie d'aspect à chaque saison et subit de curieuses métamorphoses. Dans l'hiver, des champs magnifiques de trèfle et de chardons, au milieu desquels paissent en liberté des troupeaux de bœufs et de chevaux sauvages, offrent un admirable coup d'œil. Au printemps le trèfle a disparu, et les chardons ont pris une telle excroissance que les sentiers en sont obstrués, et que l'on ne peut plus voir les animaux qui peuplent cette impénétrable forêt. Les derniers feux de l'été sont à peine éteints, que le chardon perd sa sève et sa verdure; ses feuilles se fanent, sa tige se dessèche; puis, abattu par l'ouragan, il jonche le sol, et de ses débris il vivifie le trèfle, qui pousse bientôt avec une nouvelle force.

La région boisée n'offre pas un spectacle moins extraordinaire. Les arbres ne sont point pressés en fourrés épais; ils s'élèvent si régulièrement qu'on peut la parcourir à cheval dans toutes les directions. Jusqu'à la plus grande vieillesse, ils conservent leur verdure; et quand ils meurent, et que les branches tombent d'elles-mêmes, de nouveaux rejetons s'élancent du tronc et voilent bientôt sa décrépitude sous leur brillante végétation. Ces plaines immenses ne comptent que très peu d'habitants, dont toute la richesse consiste en troupeaux de bœufs et de chevaux. Le *gaucho*, c'est le nom des habitants d'origine espagnole, a peu de besoins; de l'eau et une tranche de bœuf composent toute sa nourriture; un cheval et un *lazo* font son bonheur. Son seul plaisir est d'aller sur un coursier rapide chasser le cheval et le taureau sauvages, ou l'autruche rapide. Insensible à la fatigue, il passe la nuit en plein air, n'ayant pour couverture que son manteau, pour oreiller que le squelette d'une tête de cheval.

Le gaucho, dès qu'il vient au monde, est abandonné à lui-même; une peau suspendue aux quatre coins de la hutte par des bandes de cuir est le théâtre de ses premiers exercices. A peine est-il âgé d'un an, qu'on le laisse se traîner tout nu sur la terre. Dès qu'il peut marcher, il se prépare par des jeux aux travaux de l'âge viril; il apprend à lancer le *lazo* et il exerce sur des oiseaux et des chiens. A quatre ans, il sait monter à cheval avec une étonnante agilité, et dès lors il commence à aider ses parents, et il conduit avec eux les troupeaux au pâturage. A mesure que le gaucho avance en âge, ses exercices deviennent plus mâles. Comme il ne se nourrit que de bœuf et d'eau, sa robuste constitution résiste aux plus dures fatigues, et il peut parcourir des distances considérables, crevant quelquefois sous lui deux ou trois chevaux. Fier de sa liberté et de son indépendance, il cache sous ces formes sauvages de nobles et bons sentiments. Il n'a pas de luxe et il est sans besoin; habitué à vivre en plein air et à dormir sur la dure, il ne comprend pas ce qu'il gagnerait à embellir sa hutte; il pourrait faire des fromages et les vendre; mais, quand il a pu se procurer une bonne selle et de bons éperons, il n'a plus besoin d'argent, ce n'est pour lui qu'un inutile embarras.

Il est à remarquer que ces habitudes du gaucho se sont établies jusque dans Buenos-Ayres (bon air), car tout le monde y va à cheval. C'est la ville la plus importante de la confédération de la Plata, et elle est située sur la rive droite et près de l'embouchure de ce fleuve.

Montevideo, capitale de l'Uruguay, n'a pas un climat avantageux comme celui de Buenos-Ayres : l'hiver y est souvent très froid, et l'été brûlant, orageux et insupportable.

Dans le Chili, situé de l'autre côté des Andes, la chaleur est extrême, mais tempérée par les brises de la mer. D'immenses forêts de cèdres rouges, de cocotiers et de lauriers couvrent les flancs des Andes, et les plantes tropicales aussi bien que les productions végétales de l'Europe y croissent avec rapidité. Les indigènes descendent de deux races distinctes : celle des Araucans, le peuple le plus policé de l'Amérique, et celle des Puelches, qui habitent particulièrement les montagnes et se distinguent par leur taille élevée. Ces deux peuples se trouvent au nord de la Patagonie, pays très froid, boisé, et coupé par de grands lacs. Au sud se trouvent les Patagons, dont la taille atteint plus de deux mètres et dont Magellan avait fait des géants outre mesure, lorsqu'il donnait de ce pays aride une description pompeuse, inspirée par l'enthousiasme de sa découverte, plutôt que par l'observation exacte.

Partis de l'océan Glacial du Nord, nous voici à l'autre bout du monde, c'est-à-dire au pôle Sud, beaucoup moins connu que le premier, parce que le froid y est plus intense et que les navigateurs ont été arrêtés sur beaucoup de points par la barrière infranchissable des glaces, avant d'avoir atteint le cercle polaire. Cependant un navigateur anglais, James Ross, a pu pénétrer au sud de l'Australie jusque par 78 degrés de latitude, en longeant la terre Victoria, où il a vu deux volcans, et qui peut-être, avec les autres côtes aperçues dans cette région, fait partie d'un continent inconnu.

Ici, lecteur, nous vous laissons à vos impressions, convaincu que nos descriptions, aussi exactes que l'état actuel de la science le permet, ont répondu à votre attente légitime. Notre voyage à travers les fleuves du monde a été plutôt poétique que méthodique; mais en présence des magnifiques tableaux de la nature que vous avez admirés avec nous, n'est-il pas vrai que vous avez saisi l'harmonie providentielle qui préside à la distribution des fleuves sur la surface du globe! Dans un autre ouvrage, *les Montagnes*, nous vous montrerons un autre coin du grand tableau de la création; et dans *les Terres inconnues*, vous compléterez vos idées sur la marche du genre humain et ses efforts gigantesques pour conquérir le globe.

FIN

TABLE ANALYTIQUE

PRÉFACE

CHAPITRE I

CHAPITRE II

CHAPITRE III

CHAPITRE IV

CHAPITRE V

CHAPITRE VI

LES FLEUVES CÉLÈBRES

CHAPITRE VII

LES FLEUVES REMARQUABLES

CHAPITRE VIII

FLEUVES DE FRANCE ET LEURS AFFLUENTS

CHAPITRE IX

FLEUVES DE L'ESPAGNE

CHAPITRE X

VERSANT DE L'OCÉAN GLACIAL

CHAPITRE XI

BASSIN DE LA BALTIQUE

CHAPITRE XII

BASSIN DE LA MER DU NORD

CHAPITRE XIII

BASSIN DE LA MÉDITERRANÉE

CHAPITRE XIV

BASSIN DE LA MER NOIRE

CHAPITRE XV

VERSANT DE LA MER CASPIENNE

CHAPITRE XVI

VERSANT DU GRAND OCÉAN

CHAPITRE XVII

VERSANT DE L'OCÉAN INDIEN

CHAPITRE XVIII

VERSANT DE L'ATLANTIQUE (ANCIEN CONTINENT)

CHAPITRE XIX

VERSANT DE L'ATLANTIQUE (NOUVEAU CONTINENT NORD)

CHAPITRE XX

VERSANT DE L'ATLANTIQUE (NOUVEAU CONTINENT SUD)

TABLE PARTICULIÈRE

DES

DESCRIPTIONS REMARQUABLES

PAYSAGES

MŒURS

MONUMENTS

CHAPITRE VIII

Port de Cherbourg.

CHAPITRE IX

Monastère de Bujedo, de Ségovie, de Balio et de Batalha; l'Alhambra, Arcos et Malaga.

CHAPITRE X

Les tentes du Groënlandais.

CHAPITRE XII

Cathédrale de Strasbourg et monuments de Nuremberg.

CHAPITRE XIII

L'église de Saint-Pierre à Rome.

CHAPITRE XVI

La grande muraille de Chine. — Routes et canaux chinois.

CURIOSITÉS

CHAPITRES I, II, III, IV

CHAPITRE VIII

Golfe de Gascogne, montagnes brûlantes, gouffre de Lentoui dans l'Aveyron. — Le cours de l'Allier. — La Grande-Chartreuse; la grotte de Lods et autres.

CHAPITRE X

Glaces flottantes, nuits sans jours, aurores boréales. — Pêche à la baleine.

CHAPITRE XIII

Mœurs du lion.

CHAPITRE XVI

L'agriculture en Chine et l'empereur.

CHAPITRE XVII

La Mésopotamie et ses souvenirs.

CHAPITRE XVIII

Les nuées de sauterelles.

10892. — Tours, impr. Mame.

BIBLIOTHÈQUE DES FAMILLES
ET DES MAISONS D'ÉDUCATION

FORMAT GRAND IN-8° — 3e SÉRIE

CHAQUE VOLUME EST ORNÉ D'UNE GRAVURE

ADRIENNE, ou les Conseils d'une institutrice, par Mme Alida de Savignac.

COLONIES FRANÇAISES (HISTOIRE DES) et des Établissements français en Amérique, en Afrique, en Asie et en Océanie, par J.-J.-E. Roy. Nouvelle édition, revue et complétée.

CONFIDENCES DE DICK ET D'AZOR (LES), par Anaïs Fillastre.

DÉLASSEMENTS INSTRUCTIFS, par M. Arthur Mangin. Nouvelle édition, entièrement refondue et mise au courant des plus récentes découvertes de la science.

DESCRIPTION DE L'AMÉRIQUE MÉRIDIONALE, d'après Georges Juan, Antonio d'Ulloa, de la Condamine et Frézier.

DEUX PIGEONS (LES), par Mme Francis Nettement.

EDMA ET MARGUERITE, ou les Ruines de Châtillon d'Azergues, par Mme Woillez.

FLEUVES (LES), paysages, mœurs, monuments, curiosités, par E.-M. Campagne.

FRANCE AU XIIe SIÈCLE (LA), sous les règnes de Louis le Gros et Louis le Jeune, par J.-J.-E. Roy.

GRENIER DE LA VIEILLE DAME (LE), par Mlle Louise Mussat.

HISTOIRES INSTRUCTIVES, par M. de Chavannes.

INVENTIONS ET DÉCOUVERTES, ou les Curieuses origines, par Ernest Soulanges.

JÉRUSALEM ET LA JUDÉE, par M. E. Garnier.

LIVRE DES AVENTURES (LE), par Bénédict-Henry Révoil.

PETITS PATÉS DE MENZIKOFF (LES), ou les Dangers de la richesse, par Alfred d'Aveline.

PIÉTÉ FILIALE ET FRATERNELLE, par F. P. B.

POLOGNE (HISTOIRE DE), par M. de Marlès.

PORTEFEUILLE D'UN VOYAGEUR (LE), par Bénédict-Henry Révoil.

PORTUGAL (HISTOIRE DE), par M. de Marlès.

SIMPLICITÉ GRIMSEL, par Mlle Louise Mussat.

UNE COLONIE SOUS L'ÉTOILE POLAIRE, par M. Martin d'Hembiz.

UN TOUR DANS LES PRAIRIES, par Ernest W***.

VOISIN GILBERT (LE), ou la Curiosité qui est bien et la Curiosité qui est mal, par Louis Églé.

VOYAGE AU PAYS DE LA GRAMMAIRE, par P. V., ancien professeur.

Tours. — Imprimerie Mame.

www.ingramcontent.com/pod-product-compliance
Lightning Source LLC
LaVergne TN
LVHW012251170726
843503LV00002B/499